商務印書館

麥太培育秘笈

輕輕鬆鬆不做虎媽

35年經驗兒童培育專家

麥何小娟 著

責任編輯	林雪伶　鄒淑樺
裝幀設計	趙穎珊
排　　版	高向明
印　　務	龍寶祺

麥太培育秘笈 —— 輕輕鬆鬆不做虎媽

作　　者	麥何小娟
文稿整理	Lin Cheng　麥卓生
出　　版	商務印書館（香港）有限公司
	香港筲箕灣耀興道 3 號東滙廣場 8 樓
	http://www.commercialpress.com.hk
發　　行	香港聯合書刊物流有限公司
	香港新界荃灣德士古道 220-248 號荃灣工業中心 16 樓
印　　刷	新世紀印刷實業有限公司
	香港九龍土瓜灣木廠街 36 號聯明興工廠大廈三樓
版　　次	2024 年 5 月第 1 版第 3 次印刷
	© 2022 商務印書館（香港）有限公司
	ISBN 978 962 07 6695 4
	Printed in Hong Kong

推薦序一

香港教育大學受教育局委託，多年以來主辦融合教育三層支援課程，供在職中小學老師修讀，課程內容十分多元化，形式亦在不斷優化中。作為課程的統籌，我十分關注課程內容涉及多個領域範疇，希望老師接受訓練後，能夠在教育專業上有增長。吸納不同專業人士的經驗，融會貫通，進而在課堂內實踐，以應對學生不同的學習需要。在復康支援這個範疇上，物色有經驗同時具備培訓資歷的專業人士，加入培訓計劃團隊是一項挑戰。

我們有幸邀請得到擁有海內外豐富經驗的職業治療師麥何小娟女士，擔任客席講師，從專業角度介紹個案，也從老師的角度去作出深入分析。務求令老師學以致用，認識復康的概念，學習障礙的因由，實踐學習上的支援及介入。其講題重點包括專注力訓練、寫前訓練、感覺統合訓練等，使老師於施教的同時借鏡復康的概念，令學生受惠。課堂完結後，老師的意見均是正面及肯定的評價，予以高度讚揚，學系甚感慶幸。

欣聞麥太再次行文，分享她的育兒之道，實是難能

可貴。麥太將結合她的專業經驗及重視家庭教育的理念
去作出演繹，甚是到位，亮點及感言兼備。相信她的著作
可作為父母的明燈，為你們的孩子引路前行，在良好的環
境下健康快樂地成長。

香港教育大學特殊教育與輔導學系

BAT 課程統籌

何福全博士

推薦序二

麥氏伉儷是我多年來的好朋友，相識超過半個世紀，見證他們在教育路上的貢獻，也為他們兒女明山和明詩的成就感恩！

70年代，我們同在何明華會督銀禧中學接受教育，當年遇上了很多良師益友，塑造了我們的生命，見證了我們的成長。我深深感受到教育的重要，尤其家庭教育更是重中之重。

聖公會林護紀念中學的老師們和我較各位讀者幸福一點，因為可以經常聽到麥太教養子女的秘訣，雖是日常生活的點滴，但滿載生命的智慧。現在各位家長不用再羨慕我們了，因為麥太在這本書裏分享了很多寶貴的親身經驗，內容涵蓋多方面的範疇，包括培育品格、學習方法、情緒處理、子女管教及家庭關係等等。可以説每個範疇的分享，都是各位家長十分熱切期待的。

在教育界一直都有不少聲音，就是越來越多「有特殊教育需要」（SEN）的學生，包括讀寫障礙、專注力不足、過度活躍及自閉症等等。這些學生，都為家長、老師、

學校社工及周遭的同學，增加了不少挑戰！麥太在這本書用了不少篇幅分享她過往訓練這些「有特殊教育需要」學生的經驗。實在令家長及教育同工受益匪淺！

各位家長要謹記，你不是孤單的！盼望各位讀者透過麥太的成功實戰經驗，幫助兒女健康快樂地成長，建立幸福的家庭！

祝願大家愛惜家人，共同建立幸福的家庭和充滿正能量的社會！

興學證基協會主席兼義務總監
陳加恩校長

林護中學榮休校長陳加恩（左一）、現任校長鄭航勇（右一）與麥氏伉儷合照。

推薦序三

　　認識麥氏一家多年，從他們身上，一直獲得不少啟發。麥太第一本作品面世時，我一口氣買了數十本，贈予身邊的同事和朋友，只因我確信麥太的心得，對一眾渴望培育子女健康成長的年青父母們，必然有很大幫助。

　　第一本書出版後，麥太亦漸漸由「港姐之母」，變成學校家長講座的「熱門講者」，而我亦見她不時在社交媒體中無私地分享心得，對落在困惑中的家長作出不少鼓勵和建議。心想：她真是有很多點子，未有涵蓋在第一部作品裏。現在喜見她又再提筆成文，深信必能為備受疫情衝擊的社會和家庭，帶來更多的正能量。

　　學習麥太的方法，就必能教出像明山和明詩這樣出色的子女嗎？當然不是！每一個人的成長，都有其獨特之處，也受其天生的性格、特質等影響，每一個人都是獨特的。我在多年的教育生涯中，見過不少很成功的父母，但也見過不少落在困苦中的家庭，雖然父母與子女間有深深的愛，但卻完全不能、亦不敢坦誠溝通。

　　作為麥家多年的朋友，我親眼見證着明山和明詩的成長。其中令我感受最深的，不是他們有多出色和成功，

而是他們一家人之間那份深厚的愛，如何尊重和鼓勵彼此發揮自我，如何在成功和得意時為彼此鼓掌，在失敗或失落時成為彼此的支持和後盾。要建立如此一個樂於追夢的家庭，需要的可能不是學習甚麼「技巧」，而是選取和堅持一些合宜的「態度」。我欣見麥太在這本新作中，有不少篇章正着墨於此。我亦欣見她隨着子女的成長，也加入了不少切合不同階段父母需要的篇章。

　　我期待這本書能成為更多家庭的祝福！

循道中學

黃珮儀校長

黃佩儀校長（左）與麥太合照。

推薦序四

為麥太的新書序筆，心中有一番感謝和感恩的話要說。

感謝的話存在心中 20 多年了，話說上個世紀末，在一次飯局中有幸能聽到麥太分享教育子女的心得：創造力是要由挑戰難度開始、僅僅足夠的金錢和資源便可以、讓孩子們選擇，重點是各展所長、不是看成績表上的分數，只看這個分數能改善甚麼等，娓娓道來，例子有趣又富內涵，實在受益不淺。當時看着他們兩位還是小學生的子女，真的很想知道在這種教養育兒（Parenting）方法下，會讓兩個孩子將來長成甚麼樣子。

2016 年，得悉麥太發布新書，我第一時間買來閱讀、學習。細閱她的作品，給我們有系統、有基礎和有實證的資料，畢竟現在兒子明山已是專科醫生，女兒明詩是 10 優港姐。心中感恩，在「贏在起跑線」的港式育兒壓力下，能有這股清泉，幫助家長和教育界反思教養孩童的初心和技巧。

麥太今年再度推出新作，除了與我們分享如何培養孩子品格、建立親子關係及正確管教心得，更重要是談

及在面對逆境、處理孩子情緒及學習等實用方法，以及和育兒的核心價值，必能祝福每一個讀者家庭。

「教養孩童，使他走當行道，就是到老他也不偏離。」

《聖經》箴言 22:6

新生命教育協會呂郭碧鳳中學
張豐校長

張豐校長（左）與麥太合照。

麥太於家長講座分享，出席者眾。

推薦序五

兒童的成長，是父母、老師和校長都十分重視的，但很多時候，往往亦令大家感到煩惱、頭痛或者是束手無策。

過去兩年多，在新冠病毒疫情影響下，中小學及幼稚園都迫不得已經常停課，又或者將實體課轉為網課。不幸地，不少同學在網課的表現，網上交功課與及機不離手的問題，都成為家庭中的角力。盼望這部書的分享，可以給家長和老師們一點啟示、支持和鼓勵。

本書作者麥何小娟女士是我的師母，麥 Sir 是我中四的化學老師。麥 Sir 一家跟同學們亦師亦友，待人和藹可親。還記得在他們的一對兒女仍然很年幼時，有幸到他們家中作客，感受到他們一家關係融洽，席間麥太分享培育子女的心得，很受啟發。

麥太的第一本著作分享了不少育兒方法和心法，實在很值得家長參考，我亦送了多本給有小朋友的同事們。今次出版新的著作，麥太更是從多個角度，包括品格、學習、情緒、管教、婚姻關係等，作深入淺出的教導和提供點子。

近年來，不少香港人考慮移民，轉轉新環境。麥太在本書中，亦有分享她們一家當年移民澳洲的實際經歷，探討在工作、親情及照顧子女上所遇到的種種問題，給各位打算移民的家長作為借鏡。

　　此書絕對值得家長們細讀，但是千萬不要「珍藏」，乃是要常常打開來閱讀，讀者肯定會會心微笑，受到啟發，甚至奉為秘笈呢！

五旬節聖潔會永光書院
郭文坤校長

郭文坤校長（左一）與麥氏伉儷合照。

推薦序六

我和麥家可謂「識於微時」，也可以說看着明山及明詩長大！

曾多次到訪麥家，兩兄妹都會抽時間熱情招呼我們，陪笑陪談，彷彿父母的老朋友也是他們的朋友。我驚訝，那些青春期的厭世嘴臉、口裏說着要溫習的堂皇理由、萬事與我無關的任性態度，都沒有出現在他們身上。

有一次，我帶着剛放學的女兒出席聚會，明詩見她在做功課，靜靜的走過去，慢慢的觀察，然後才主動從旁教導。低調而不喧嚷，絕對是一份以別人為先、顧及別人感受的良好修養。兩年前，我的女兒準備參加牛津大學的面試，那時忙得不可開交的明詩，仍願抽出寶貴時間指點女兒。

如今，明山和明詩都各有所成，而兩兄妹都是滿有知識、智慧、德行及修養，熱切追求真理，並以良心為本行事的孩子。麥太當然付出了很大的「勞力」及「腦力」！運用她的專業育兒知識及多年職業治療師的臨床經驗，培育出一位整型專科醫生及一位美貌與智慧並重的十優生，殊不簡單。

各位拿起這本書，或許是希望從中學到教育孩子的一招半式。然而，我認識的麥氏夫婦，最厲害的不是招式，而是他們對人的熱情，以及不卑不亢的態度。他們均是雙職父母，在職場上努力拼搏，但任何時刻總是待人以誠、樂於助人。無論身處鎂光燈內外，他們都恰如其分，不會自恃高人一等，更喜歡不斷從他人身上學習。

麥太再次出書，繼續無私地將其教兒育女的竅門心法，與各位父母分享，希望點點燭光，能成為各位的明燈！

基督教宣道會宣基中學

徐玉清副校長

徐玉清副校長（左一）及潘淑嫻校長（右一）與麥氏伉儷合照。

代序一

超越平凡之路：
培育方法正確，每名孩子也是耀眼新星！

在我的成長路上，很感恩有一名專職兒童發展專業的媽媽，一直從旁給予我培育及支持。你們或許難以想像，年幼時的我其實是一個平凡不過，且欠缺自信的女孩。全賴媽媽給予我很多的培訓，絕不是怪獸家長式的壓逼特訓。她除了用很多適齡有趣的玩具和遊戲激發我的腦部發展，也着力培養我對學習的興趣，更重要是建立我的自信和心態，使我在學習的過程中，每一刻都享受嶄新的自己。

我的自身成長經歷令我深信，每一個孩子的潛能都是無限，且有待激發。長大之後，我有機會接觸更多關於兒童發展的資訊，發現孩子幼年階段的培訓，對他們一生的發展有多重要。只要運用適當的培養手法，任何一個孩子都可以超越平凡，活出不一樣的人生。希望我媽媽的教育方式，可以協助各位父母培養孩子的快速學習能力和情緒適應能力，讓他們可以勇敢面對未來的種種挑戰！

到了現在，我才了解媽媽作為一名專攻兒童發展的職業治療師，多年來憑着她數十年的經驗，幫助過無數孩子克服困難，發掘他們的最大潛能。感謝媽媽多年來用專業和科學的方法去培養我的長處，發現及改善我的弱點，讓我擁有一個全面的發展和積極的心態，豐富了我的人生，成就了今天的我！

　　最後，我希望寄語各位父母，讓我們一起珍惜每個孩子的獨特性吧！因為在這個節奏急速的社會中，除了適應能力，忠於自我、堅持理想、勇往直前都是一個人最珍貴的本領！共勉之！

女兒

麥明詩

代序二

問題兒童之路：
感謝媽媽專業與愛並重！

自從我考入了醫學院之後，有很多人問我，我小時候是否十分易教和聽話，才有如此成就？我的答案經常令人摸不着頭腦，因為是 Yes and No。

在我的記憶裏，我小時候是一個十分頑皮的孩子。在課室裏擾亂秩序，擅自離開座位，經常任意發言等都是家常便飯，更試過被罰企兼寫悔過書。當我翻看兒時片段時，都頗肯定自己小時候有過度活躍的問題。

然而，在我的成長經歷中，媽媽並沒有嚴厲的責罵或以體罰的形式來糾正我的行為，而是用她獨有的方式來改善我過度活躍、專注力不足的問題。小時候覺得是理所當然，現在長大了，才明白因為媽媽是一名專職兒童成長工作的治療師，她利用專業的知識，來為我糾正當時的問題。多年的培育過後，我終於開始變得易教和成熟了，在各方面的發展都有明顯的進步。

現在回首，我才發現媽媽對我成長影響真的很大，

留給我的都是愉快的成長記憶。我希望她這套教育子女的方式，也能幫助其他像我這種「問題兒童」。我就是活生生的例子，只要憑着正確的方法及對彼此的愛，「問題」一定可以解決的！每名孩子都值得一個機會茁壯成長，我在此希望各位孩子都能在成長的過程中，找到自己的方向，過一個快樂和充實的人生！

兒子

麥明山

代序三

甚麼是「起跑線」？

　　最近，某電視台熱播一套有關「起跑線」的劇集。該劇講述某幼稚園內有兩批家長，一批是拒絕成為怪獸家長的父母，另一批則是要求子女贏在起跑線上的虎爸虎媽。一批家長希望子女開開心心的在 Happy School 學習，另一批則希望子女成為尖子，考進名牌小學。到底小朋友應否承受如此大壓力，滿足父母的要求？還是小朋友應該健康成長，有一個愉快的童年？

　　我們於 90 年代從澳洲回流香港，當時明山和明詩連一個中文字都不懂得認讀或書寫，又沒有任何課外活動專長，所以可以說是「輸在起跑線」。為免孩子長途跋涉上學，內子提出選擇一間附近的「平民幼稚園」給他們就讀，讓他們開開心心在那裏度過快樂的幼稚園生活，我也十分同意她的建議。

　　跟其他家長不同，可能因為內子是一位專職兒童工作的職業治療師，她經常觀察子女的發展程度，為其挑選不同種類的玩具，設計遊戲跟他們玩耍，又安排合適的活動一起參與。以我的觀察，從這些玩樂及活動得到的經

驗，確實有效幫助明山和明詩建立一些重要的基礎學習能力，例如專注力、記憶力及分析力。內子亦注重孩子們性格的培訓，如何解決問題、克服困難等的能力，使他們在往後的學習路上走得輕鬆！

其後，他們也幸運地考進一些所謂「名牌小學」，不過我們從來沒有催谷他們，也沒有要求他們學習十八般武藝。只是給予他們適量的課外活動及運動，以平衡繁重的學習和功課。

教養孩子，確實是一門高深學問，也不可以一本通書睇到老！必須要按孩子的能力、表現作出平衡。我從事教育工作，每日工作十分繁忙，實在沒有太多時間去培育子女。十分感謝內子，雖然她是一名雙職母親，但下班後仍然盡心盡力去培育孩子，使他們今天略有所成。

這本書所寫的不是甚麼大道理，而是日常生活的點點滴滴，一些「貼地」的分享。希望透過內子這些分享，讀者能夠察覺出培育子女的方向。也希望我們的下一代，能夠健康快樂地成長。

丈夫

麥卓生

自序

職業治療師媽媽之路：
教育貴乎「培育」多於「教育」

　　2016 年的夏天，我的第一本拙作《我的女兒麥明詩 —— 一張白紙到 10 優的培育經歷》出版了。那本書的內容以全面的育兒知識為主，作為一本工具書，當中包含了作為父母必須知道的基本知識，涵蓋了各個層面，包括如何培育孩子的學習能力，以及子女管教、自律性、情緒管理等。感謝各製作單位的努力，以及承蒙讀者的支持，這一本著作獲得香港金閱獎及香港出版雙年獎。

　　於第一本書出版之後，很多父母向我表達，希望我可以再出版新作，幫助他們解決培育子女上遇到的各種難題。由資料搜集開始，到組織及撰文以至校對等，其準備的功夫及時間其實非常多。這樣嚴謹地整理，亦是希望為讀者帶來一本正確、實用而有效的育兒參考書！

　　經過幾年的準備，我的第二本拙作成功出版了！這幾年間，我曾被邀到多間中小學分享培育子女心得，也在

我的臉書專頁「兒童發展顧問 —— 麥明詩媽媽」接觸到很多不同背景的父母向我詢問各種培育問題，讓我對現今很多家庭所面對的難題，有了更深入的了解。我把收集到的問題歸納，作出深入的分析和整理，新書包含了大量實例和建議，並有與生活息息相關的個人真實分享，內容盡可能做到深入淺出。撰寫的目的是為了讓各位父母更清楚了解育兒所面對的問題及解決方法，令子女有一個健康快樂的人生，希望能對大家有所裨益。在此，我借機會鳴謝 Flying Panda Communications 於 2018-2019 年間協助管理我的臉書專頁。

歸納父母普遍問題

回想起上一本書發行後，其迴響亦非常大，很多父母與我分享，說我提出的育兒方法對他們來說頗有革命性 —— 他們沒想過培育子女可以這麼輕鬆、有趣而有效。很多父母於子女長大後，才發現自己用錯了培育方法，導致子女出現各種學習和行為問題，甚至影響親子關係。有見及此，我於本書中着重引導父母放眼一些更為長遠的問題，令他們理解到現在的培育手法，會對子女的將來做成怎樣深遠的影響。

我發現不少父母只着緊當下成果,但忽略了子女的長遠發展。例如,父母希望子女學業成績好,卻只於年幼時不斷催谷他們串字、默書、上考試班等。其實父母要做的是培育他們的積極態度、上進心、自信及責任感,才能令他們將來於學習上有效及持之以恆。所以,於育兒路上,父母必須建立更長遠的目標,領悟培育子女就像建築一幢房子,要先以一塊塊磚頭建立出穩健的根基,才能夠慢慢築起宏偉而穩固的大樓,是這冊書想要帶出的一個重點。

綜觀這本書所覆蓋的題目,很多都是我與家長交流過後,所歸納出的重點。例如,培育子女品格、正確的學習方法、玩樂中學習、正確管教方法等,當中亦有涉獵家庭關係,例如夫婦相處之道,以及與子女關係等的分享。最後,因為我們一家有移民外地、子女在外國學習和成長的經歷,所以,我特別撰寫了有關移民的章節,希望在這個熱門話題上,能夠為大家提供一些參考。

見證治療有顯著進步

介紹過新書的內容後,為了照顧新的讀者,現在讓

大家了解一下我的背景吧！超過 35 年的臨床及深造研究經驗，令我深深領悟到如何使用輕鬆愉快的方式，例如玩具、遊戲及不同的活動等，來激發孩子和青少年的腦部發展，使其盡顯潛能的重要性，這也是我培育明山和明詩的理念和方法。

畢業後，我一直從事職業治療工作，曾在澳洲執業，後來回到香港。由初生嬰兒到青少年，由有特殊教育需要（SEN）的學童到資優兒童，都是我的服務對象。其範圍涵蓋專注力不足、過度活躍症、自閉症譜系障礙（自閉症／ASD）、溝通問題、情緒控制問題、讀寫障礙、行為問題及發展遲緩等。評估兒童的能力、直接介入治療、輔導家長培育子女的技巧等，都是我這些年來主要的日常工作。

回想於工作上最大的喜悅，就是見證很多無助的小孩子、青少年以至父母，於接受了合適的治療及輔導後有顯著的進步，能追上主流學校的學習進度及融入社會生活。我見過很多父母因為子女的行為問題而情緒低落，責備自己，非常迷惘。我有幸能夠出一分綿力，協助他們，見證整個家庭的進步。有完成治療的父母及孩子

回來向我道謝，這就是這份專業帶給我的最大滿足感和快樂。

賦予孩子成長的能力

不少父母覺得養育子女很困難，其實癥結在於培育手法之上！例如可以於適當的時候，給予適齡的培養及訓練媒介。另外，父母的身教、判斷力、觀察力也是極為重要，如果能盡早發現子女的問題，盡早找專業人員提供訓練或治療，孩子們就可盡快改善過來。小朋友年紀愈小，腦部的可塑造性（Plasticity）就愈高，這是經科學證實的。同一個問題，於三歲前接受訓練，效果比六歲才開始處理有效得多。而且，父母教育子女時，不應只執着於某方面的訓練，而是應提供全面的發展培育。以上種種，都是我書中的重點，大家不妨仔細閱讀，思考及作引申運用！

很多人問，那麼，我是如何看教育的呢？作為一名治療師，亦是一名媽媽，我喜歡「培育」多於「教育」。很多事情不只是透過聽、講、讀、寫去學的，而是透過整個環境，去令一個人有所成長，當中的體驗、感悟、交流

才是最重要的元素。作為父母，要賦予孩子成長的能力，從而令他們日後能夠應付生活、面對困難，最終能夠活出快樂人生。

這幾年來，全球也經歷了不同程度的傷痛，當中引發出不同的家庭問題。最後，我希望寄語各位父母，當面對困難時，正面的思考才可以協助你渡過難關。父母最重要的角色，是引導子女明白，困難只是一時，人應該着眼未來，迎難而上。人生的精彩，有時莫過於在這些風高浪急之後，仍能到達彼岸，見到美景，登上高峰。在此謹祝大家健康快樂，心靈富足！

麥何小娟

目錄

第 **1** 章　孩 子 的 健 康 成 長 與 發 展

第 **2** 章 孩子的性格發展

第 **5** 章　孩 子 的 情 商 發 展

希望各位父母都能培育子女
有一個**健康快樂的人生**。

子女成就高與低

不減父母對子女的愛。

孩子的健康成長
與發展

Chapter 1

THE DEVELOPMENTAL
HEALTH OF CHILDREN

1.1 坐不定是否過度活躍？
何謂專注力不足或過度活躍症

> 孩子坐不定，其實是一個十分普遍的情況，父母如果能夠學會分辨子女是否「曳曳調皮」，還是有所謂的「過度活躍症」，就不會覺得迷惘了，而且有需要時可以盡快為子女提供協助，尋求專業人士如職業治療師、心理學家、精神科醫生的協助。

　　坊間統稱為過度活躍症，其實正確名稱為專注力不足過度活躍症（Attention Deficit Hyperactive Disorder，ADHD）。ADHD 分為兩個不同的類型：第一，是專注力不足（Attention Deficit）；第二，是過度活躍症（Hyperactive Disorder），兩者的處理手法截然不同，我們先來看看其分別。

專注力不足

這些孩子會經常做事不小心，即使是玩耍也未能專注，常聽不到別人說話，經常不能依指示完成活動，組織活動有困難，不喜歡需長時間動腦筋的工作，經常遺漏物件、善忘等。

過度活躍症

這些孩子常坐立不安，經常離開座位，喜歡「周圍搞」；青少年或成人則有焦躁不安的感覺。孩子很難安靜地參與遊戲或消閒活動，他們會不停地活動，難於等候，囉唆多話，常打斷別人說話且愛辯駁。

一般孩子或多或少都有上列的行為表現，但若孩子在其中一個類別中，有超過六項或以上的徵狀，父母們就要小心留意了。父母們亦要注意，有些孩子甚至同時擁有兩種類別的症狀。

大部分不需用藥

上列的症狀大多會影響學習能力，以至有些孩子會不喜歡上學。嚴重過度活躍症，會因為經常坐不定和「搞事」，引起課室秩序問題。在家中，也會令照顧者感到煩

躁及難以控制自己的情緒。所以父母要及早安排兒童接受專業的評估和適當的介入，如行為改善法及專注力訓練等。坊間不少父母誤以為專注力不足及過度活躍是先天無法改善的問題，又或者誤以為只能靠藥物才可以控制，其實不然！以我多年的臨床經驗，這些情況大多不需要使用藥物，而是經過治療及訓練後，可以逐步改善的。

父母可以如何幫助？

尋求專業人士的協助以外，如果父母希望幫助患有 ADHD 的子女減輕壓力，可以嘗試以下方法。例如把一件事情，分拆成一個個小任務，讓子女一步步完成。有些父母要求可能會很高，要求孩子一次過完成才可以離開，反而令孩子感到抗拒。父母於小任務之間，謹記要給予孩子足夠的休息，讓他按自己的節奏完成，其後則逐漸增加每段工作時間而減少休息時間。如果問題嚴重，則需要專業人士的訓練，加以改善。

其實明山年幼時，正如他在本書代序二所提，他也有這些問題，基於我專職兒童成長工作治療師的背景，我便為他設計了不同的訓練。後來，他的情況大大改善了，甚至讀書名列前茅。即使發現孩子有以上情況，父母們也不用太擔心。

談到改善行為，父母若能對正向增強、負向增強、正向處罰、負向處罰等概念清晰理解，對於正確處理孩子的行為問題，有一定的幫助。

正向增強、負向增強

讓我來簡單說明一下，父母如何把以上概念應用於管教中。在此，父母需要留意，如果應用得宜，效果會事半功倍，用錯了則反而加深孩子的行為問題。

正向增強的意思，是用一些孩子喜歡的事物，去鼓勵他多做某正向的行為。舉一個例，子女自行完成了功課後，父母給孩子一些他們喜歡的事物，以增加他們自行做功課的行為。相反地，很多父母不知不覺間，用了負向增強法，希望所謂「改善」子女的行為。

負向增強意思是於特定行為發生後，除去令人不喜歡甚至討厭的刺激物，來增加特定行為於日後發生的可能性。例如孩子不肯做功課，在家玩手機時，父母便不停責罵孩子，直至孩子做功課。這樣父母就把子女討厭的刺激除去，例如停止責罵，去增加特定的行為，例如做功課。這種方法的弊處，是消極而不能建立孩子的主動性。

通常正向增強較為能培養孩子的主動性，但父母也有一點要特別注意，要慢慢減少使用正向增強物的頻率及預期性，否則也會令孩子對增強物產生依賴，效果就會被抹煞了！

另外，若父母處理不宜，也會增加孩子的行為問題。例如孩子在家中發脾氣，直至父母肯買玩具逗他，他便停止了。這樣，反過來，孩子是用父母討厭的刺激物 —— 不停哭鬧 —— 以增加他希望得到的特定行為，在此就是父母買玩具給他。久而久之，孩子便知道只要脾氣愈發愈大，得到的玩具可能愈多，各位父母，這樣被孩子控制着就萬萬不可了！

正向處罰、負向處罰

處罰的效果主要是減少某行為於日後發生的機率，分為正向處罰和負向處罰。正向處罰是透過增加孩子不喜歡的事物，來減少他們的某些行為。例如孩子上體育課時，頑皮地搶了同學的球，被老師罰跑 10 個圈，孩子以後就會減少頑皮及欺負人的行為。而負向處罰則是取走孩子喜歡的事物，來減少某種行為。例如孩子欠交功課，老師罰他沒有了勤學獎勵，以示懲罰，以減少日後欠交功課的機率。

以上的幾種方法，我較喜歡使用正向增強。總括而言，父母必須減少孩子的負向行為，例如搗亂及哭鬧等，而加強孩子的正向行為，例如學習及合作等。切忌於不適當的時候，給了孩子不適當的反應，變成了獎勵孩子的不當行為，又或打擊了孩子的努力及付出！

　　如發現孩子有 ADHD 的症狀，父母們也不用灰心，只要肯花心機和時間，用正確的方法好好處理，定能改善。

明山年幼時，曾有不少過度活躍的症狀。

我為兒子設計訓練後，過度活躍的情況大為改善。

1.2 培養感覺統合的發展
奠定學習能力基礎

> 要全面培養一名孩子發展，有一項能力絕對不能忽視，就是感覺統合（感覺處理）的發展了。兒童研究顯示，感覺統合方面的發展，可奠定兒童學習能力的基礎！孩子能否在不同的環境下，作出適應性的反應（Adaptive responses）及是否有效掌握日常的學習，取決於孩子的感覺統合功能。

　　若孩子不幸出現感覺統合發展的障礙，可能會出現以下問題。例如專注力弱，常常坐不定，正常的聲浪也覺得嘈吵，常常用手掩耳；身體協調有問題，容易暈車浪，怕盪鞦韆，怕爬高，不喜歡玩公園的設施；怕被別人觸碰，不喜歡觸摸物品，脾氣比一般的孩童較差；揀飲擇食，記憶力弱，甚至出現讀寫障礙。有不少患有自閉症的孩子，都有感覺統合困難的問題。也有研究顯示，高達54% 有感覺統合障礙的兒童，都有專注力不足或過度活躍症的問題。

提供適當的感覺經驗

孩子出生時，所有主要的基本感覺系統，例如視覺、觸覺、聽覺其實都已存在。但父母要讓孩子得到「適當的感覺經驗」，才有助神經系統建立暢通的感覺通道（Sensory pathway），為日後的認知學習能力（Cognitive learning）奠定良好基礎。

感覺統合能力為何重要？

我舉個例子，一名聽覺統合能力較弱的孩子，身處一個普通的環境如班房，也會覺得非常嘈吵，主因是他不懂分辨主體及背景的聲音。一般孩子能夠分辨出冷氣發出的機器聲、同學聊天的聲浪、街外的汽車聲等，歸類為背景雜音，不用理會。但聽覺統合能力出現問題的孩子，會覺得每一種聲音也很「響亮」，令他們無法專心，心中非常煩亂，即使不是太大的背景聲音，也造成相當的困擾。孩子的專注力受到干擾，學習效率也受到很大影響。

一旦父母發現孩子在感覺統合反應上與別的孩子有很大差異時，例如出現前文中所述的徵兆，就需要向有相關經驗的職業治療師尋求協助，為子女進行評估及訓練。

甄選感統小組有法

坊間有不少感統訓練小組可供選擇，在此要強調，審視和甄選有專業訓練背景治療師主理的機構，才讓子女接受訓練的重要性。沒有專業的評估和適切的介入方案有機會造成偏差，訓練目標因而未能針對孩子的個別需要，效果自然不彰。又或是沒有採用適當的感統器材施行訓練，舉例說根本弄不清徵狀是過敏還是遲鈍，而用上不當的治療用具，介入後孩子的專注力問題可能會變得更為嚴重，效果會是適得其反。接受過正規訓練兼具備相當經驗的治療師，可以針對個別需要而去定出訓練目標，施行介入，有助孩子的全面發展。

甚麼是本體覺及前庭覺？

另外，父母不要誤以為只需着重串字、認字、數學等能力。反而，多給孩子玩樂的機會，讓他們有多元化的感覺經驗是很重要的。這些體驗應涉及所有感覺系統，包括視覺、觸覺、聽覺、味覺或嗅覺。當中，較多父母會忽略的是本體覺，主要負責接收肌肉及關節位置及動作的訊息；以及前庭平衡覺，主要偵察頭部和身體於空間的位置及活動的感覺，包括加減速度或旋轉的活動。

這兩種感覺，跟孩子的平衡和活動協調能力，有着非常密切的關係，例如運動、跳舞等。

加強本體覺及前庭覺訓練

如果孩子的本體覺發展不好，會對孩子的體能及體育發展有很大的影響。例如，打籃球時孩子會有接球及拍球的困難。父母可多讓子女玩平衡木或跳飛機，這些遊戲有助增加孩子感受本體覺的能力。前庭覺涉及加速、減速或轉動的動作，子女可以多玩搖搖板、滑梯等遊樂設施，也可增強前庭覺的體驗。

研究人員相信，孩子的感覺統合發展得宜，有助提升他們將來的學習能力。為了給孩子多方面的感覺刺激，孩子年幼時，我每天都會安排明山和明詩到公園玩耍！除此之外，亦會到沙灘游泳或郊外「攀上攀落」，讓他們到大自然感受各種感覺刺激，為建立良好的感覺統合系統奠定基礎！

我會使用不同的康樂活動，讓孩子建立良好感覺統合基礎。

1.3 六招戒掉「電子奶嘴」
感覺運動期的培育方法

> 父母一般希望把握孩子黃金發育時期，重點培育。
> 以我三十多年的臨床經驗，良好的培育，應由嬰幼
> 兒發展期開始，不要忽略從出生至大約兩歲這個重
> 要階段。

　　嬰幼兒發展期，亦是孩子的感覺運動階段
（Sensorimotor stage）。這時候孩子需要透過不同的肌能
活動，給予各種感覺刺激，例如肢體的肌肉筋腱活動、全
身的觸覺感知活動等，以建立健全的感覺訊息處理系統，
奠定將來的活動能力和學習基礎。我除了會為大家帶來
這階段的培育小貼士外，亦會分享父母如何幫助孩子戒
掉使用電子產品成癮的習慣！

四個培養小貼士

　　處於感覺運動階段的孩子，父母最重要的任務，是

讓他們既去感受，又去活動，幫助嬰幼兒探索周遭的環境。嬰幼兒於這階段主要多透過視覺及觸覺，去驗證一些訊息，類似做實驗般。例如幼兒會把球拋出，他會發現球不會立即跌落地上，原來其軌跡有拋物線、直線，或是曲線，這樣他會從經驗中學習如何把球拋出去。別小看這些童年的經驗，就是這些經驗奠定了孩子未來對這個世界認知的基礎！例如建立思考能力、邏輯思維，亦可以理解一些知識如物理、數學、藝術及鍛練社交技能等。那麼，父母該如何培養處於感覺運動階段的孩子，令他們可以健全發展呢？我來為父母提供四個小貼士吧！

一、雙向溝通

視覺及觸覺對於孩子的腦部發展影響重大。在這階段，父母不能只把孩子放在床上，任由他們看着天花，應多與孩子雙向溝通。例如對着他笑笑、說說、玩躲躲貓（Peek-a-boo）、抱他周圍走走，亦可多跟嬰兒玩毛巾蓋眼的遊戲，選用合適的玩具，讓他們理解物件的存在（Existence of object），對於幼兒的心理、社交、語言發展亦有很大幫助。

二、提供環境刺激

在感覺運動階段，孩子已懂得利用感官去探索環境。父母可以多為子女提供五感體驗的小玩具，給他們嘗試不同質感（如紙質或毛絨質地）、大小、形狀的玩具及積木。父母也可提供會發出不同聲音或閃光的玩具，例如動物叫聲、或音樂等。此外，父母也可多引導孩子進行不同動作，例如爬隧道、障礙賽、爬上爬落、舉高手撥動吊高的小玩具、從小水桶取「寶貝」等。

三、安全地自由探索

父母可讓這階段的幼兒在安全情況下自由探索環境。例如在父母的陪同下，讓他們自行把玩具搬來搬去，又或可讓他們自己用匙羹在杯中喝水。但父母必須留意，這階段的孩子很喜歡把所能拿到的東西都放入口中，切記要時常確保安全，避免使用有細小零件的玩具，以免有窒息的風險。

四、多説「兒話」（**Parentese**）

雖然嬰幼兒未有語言能力，但我亦鼓勵父母多點跟嬰幼兒講「兒話」。有些父母或會覺得沒甚麼意思，反正

孩子也聽不懂。雖然，孩子的確是未能理解對話內容，但卻完全意識到這是一個溝通的過程。在一個人學懂表達自我之前，必須先經歷學習接收的階段。在一個雙向溝通裏，孩子接收父母發出的信息，對孩子日後的語言、溝通、理解能力絕對有莫大的幫助！

對「電子奶嘴」上癮

很多父母分享，孩子年紀小小，就經常拿着手機，而且一被拿走便會大發脾氣，非常不滿。那麼，孩子可能染上了「電子奶嘴」的習慣！「電子奶嘴」讓任何娛樂都唾手可得，孩子不費吹灰之力，甚至連思考也不用便能夠得到娛樂。這不但令孩子喪失自主探索能力，網絡上的花花世界，更會令人精神散渙，無法集中。

父母必須認清一旦孩子成癮的嚴重後果，面對孩子的反對時，就必須採取較堅持和強硬的態度。由於零至二歲的嬰幼兒正值感覺運動階段，根據 *The New York Times* 報道世衛指引，父母不應讓一歲或以下幼兒接觸電子螢幕；報告亦建議，二至四歲的兒童每天不應使用超過一小時的電子螢幕，時間愈少愈好。

六招戒掉「電子奶嘴」

零至六歲的嬰幼兒及兒童，都不適宜接觸太多二維空間的電子屏幕產品，而需要較多時間，透過接觸三維空間的實物把玩，跟環境互動及肢體活動，去刺激孩子的腦部思維和體能的發展。另外，孩子需要與周邊兒童及照顧者有社交互動的刺激，建立其認知、語言及社交能力的發展。

在嬰幼兒及兒童發展時期，使用單向的電子屏幕產品，將不利他們的發展及成長。除此以外，很多青少年亦因為太過沉迷於使用電子產品而影響睡眠、學習、社交等發展。以下，讓我分享幫助孩子戒掉「電子奶嘴」的六個小撇步吧！

第一步：減少智能手機對生活的干擾

年紀小的孩子，包括小學生，在非必要用時，父母須將他們的手機調較為震機或靜音，甚至把手機或其他電子產品儲存起來。中學生則跟他們約法三章，限制使用電子產品的時間，我和丈夫一直有限制明山和明詩使用電子產品的時間，直至高中才讓他們自行使用。當然，因應近年環境的改變，尺度可能要定得較寬鬆。

第二步：減省不必要應用程式

父母應密切留意孩子有沒有安裝不必要的程式，亦應控制應用程式的數量及質素，如遊戲等就應盡量減少，這樣可有效減少孩子對手機的依賴。

第三步：減少依賴電子溝通

減少利用電子產品進行社交活動，注重現實世界中的人際交流。例如在家中培養互動交談的氣氛，建立直接溝通的習慣。

第四步：切勿主動提供

父母應該培養年幼的孩子把玩玩具，而非鼓勵以電子產品消磨時間。有一些父母一見孩子叫悶，便使用手機播影片讓他乖乖安靜，這會對孩子造成不少害處。

第五步：培養閱讀習慣

父母可以培養子女閱讀實體課外書籍的習慣，減少他們對電子產品的依賴。

第六步：親親大自然

　　培養子女喜愛大自然，例如盡量安排郊遊的機會，增強他們對自然生態的興趣，除了可以防止他們過分使用電子產品，也可以提升觀察力和學習的興趣呢！

　　最後，如果當父母的你，亦有經常看手機的習慣，孩子亦會模仿。所以要戒掉「電子奶嘴」，除了說教，父母亦要注意自己的生活習慣，不要在孩子面前「講一套，做一套」呢！

我和丈夫十分鼓勵明詩（右二）和同學交往，注重現實世界人際交流。

1.4 小肌、觸覺不輕視 細心觀察孩子發展

不少父母分享，較難同時兼顧孩子的學習及身心發展，然而孩子的整體發展是多元化的，除了大肌發展，還有精細動作協調、智能、創造力、記憶力等。我認為在家學習正是一個不錯的機會，使孩子建立一些重要的基礎能力，將來能夠面對各種挑戰！

　　父母應怎樣評估孩子的發展程度？又可以怎樣留意子女有否發展遲緩？下文簡列了一些發展能力里程碑，以及不同歲數的活動建議。家長亦可以根據孩子的年齡，於網上找一些更詳盡的清單及資料。

　　很多父母都會擔心自己的孩子發育比其他小朋友慢，例如比同齡的孩子遲學會走路等，憂心子女有發展上的問題。我從來不會覺得父母是杞人憂天，相反，我見過很多個案是因為太「不憂不懼」，因而忽視子女的徵兆而喪失寶貴的治療時機。有時敏感一點，增強觀察力，及早

發現子女任何問題，並提早給予適切的支援或治療，對子女有莫大裨益。

綜合能力發展參考

簡單來說，當子女約三個月大時，能追視搖鈴；六個月大，能夠控制雙手至中線，用掌心抓握積木，又或者用手指玩把一番，亦可以用手攪扶坐在地上，而不用外物攪扶。到十個月大，該懂得不需靠攪扶而站立三至五秒的短時間。大概到了十四個月大，孩子該可以步行一段短的路程了。

到了一歲半，孩子懂得疊高兩至三塊積木，並能夠使用匙羹進食；到了兩歲，孩子就懂得多個身體器官名稱及一頁一頁地揭書；兩歲至兩歲半，孩子就懂得表達如廁需要，甚至自己如廁。三歲時，孩子便能夠踏三輪車。子女慢慢成長，父母可以觀察子女於語言、體能及認知上的綜合發展，以上的幾個歲數及技能，可以說是其中一些發展指標的參考。家長不要輕視這些發展里程碑，因為這跟兒童的智能發展有實質的關連性。

如果父母懷疑子女有協調能力及感知發展不良，又或其他發展遲緩，甚或有行為、情緒問題的情況，必須立即尋求專業人士評估，例如專職兒童復康工作的職業治療師、物理治療師、言語治療師、社工、心理學家及兒科醫生等。盡早介入治療，可協助孩子克服發展上的障礙，改善情況。

適當發展手眼協調及大小肌肉

　　父母要謹記，絕對不可忽視孩子的手眼協調及大小肌肉發展。舉個實例，明山投考整形外科專科醫生時，由於工作牽涉精細手術步驟的操控，當時主管醫生的其中一項挑選要求，就是考量一眾申請者的手眼協調能力。

　　很多職業，例如施行針灸的中醫師、牙醫、建築師、工程師及科學家等，都需要十分優秀的手眼協調控制能力。避免走進只追求成績的惡性循環，就應該讓孩子建立多元智能的良好基礎。其中一項是訓練孩子的小肌精細動作協調，一般可以使用適齡的玩具，除了可以提升孩子的小肌肉發展，亦可增強積極性和自信心！父母可以參考以下一些例子，根據孩子的發展里程碑，使用不同的玩具。

訓練小肌及手眼協調的玩具

3 個月

專注抓握類的玩具，例如輕的撥浪鼓（Rattle）。

6 至 9 個月

使用需要運用雙手的玩具，例如把物件從一手交給另一手、每隻手拾一件積木互相敲打起來。

9 至 12 個月

把積木放進盒內；簡單按、撥操控的玩具。

1 至 1.5 歲

用手推動小車子、把膠圈套在柱上、用拇指及食指拾起小物件，例如提子乾。

1.5 至 2 歲

用臘筆塗鴉，把簡單形狀放在形狀板上。

2 至 2.5 歲

疊積木、穿珠,不過謹記,兒童玩穿珠時,必須由成人陪同;亦可握臘筆仿畫線條,摺小毛巾等。

2.5 至 3 歲

幫公仔解鈕扣、摺紙。

3 至 4 歲

用剪刀剪紙剪直線,也必須成人陪同;並多玩拼砌玩具。

4 至 5 歲

砌圖、畫圖等。

5 至 6 歲

父母可與子女一起做勞作,進行比較精細的拼砌活動等。當大於 6 歲時,父母可以鼓勵孩子砌模型及嘗試不同的手工藝了!

0 至 3 歲小朋友玩觸覺遊戲

　　除了小肌、手眼協調外，父母亦不要忽略觸覺的重要。觸覺是人類五覺中較早發展的感官系統，亦是新生兒認識世界的主要方式。多個研究顯示，如果能為嬰幼兒提供多元的觸覺刺激，有助提升認知、學習能力，促進腦部發展。長遠而言，更可以穩定嬰兒情緒，為日後發展人際關係打好基礎。以下，讓我分享適合 0 至 3 歲小朋友的觸覺遊戲！

適齡觸覺遊戲

0 至 1 歲

　　按摩操：洗澡後，用大浴巾幫嬰兒按摩，目的是提供觸覺刺激，可隨意在嬰兒身上輕柔地打轉，用親暱的方式為他們按摩。

　　春卷 BB：當嬰兒懂得翻身時，在注意安全的情況下，用一條大毛巾把他捲起來，再輕輕左右滾動或輕壓，既可增加刺激身體觸覺的機會，亦可幫助前庭平衡覺的發展。

1 至 2 歲

尋寶袋：準備不透明的袋子，把小朋友喜愛的小玩具放在袋子中，再由小朋友逐一摸出來。

創作手指或腳印畫：準備食用顏料，讓孩子用手或腳沾上顏料，自由地在不同材質的畫紙上作畫，如想增加更多觸覺刺激，可在顏料中加入細鹽。

2 至 3 歲

沙子箱：把小玩具埋在沙中，再由小朋友尋找。由於要學會分辨干擾物，即是沙子，才能尋得寶物，有助提升專注力和認知力。

Play dough：準備適量麵粉和食用顏料，和孩子一起製作漂亮又安全的彩色黏土，再而讓他們發揮創意，捏出可愛的工藝品。

玩水：水能刺激全身的觸覺，有利促進感覺統合。除了直接帶孩子到泳池下水嬉戲，亦可在洗澡時玩玩具，拿着玩具船和杯子跟孩子「水戰」。

當明山明詩還小時候，我和丈夫都會盡量抽時間陪

他們玩以上遊戲。除了因為這些遊戲對子女有正面影響，我更加重視建立親子時間。有時候，與其經常擔心子女，不如用心陪伴他們玩耍。只要讓孩子有個愉快童年，相信我，這樣父母腦海中的擔憂，都將會釋數消除！

到沙灘玩樂也可提升感覺統合能力。

疊積木有助訓練孩子的小肌肉發展。

1.5 孩子內向怎麼辦？
自閉症跟資優有關嗎？

> 每個孩子都有不同性格，有些非常活躍，坐不定，
> 有些卻非常內向，常常收起自己。內向的孩子除了
> 容易被標籤為不合羣、欠缺自信之外，很多父母亦
> 擔心內向的孩子是不是患上了自閉症（ASD）[1]。而
> 患有自閉症的孩子，又是否屬於資優兒童？

作為職業治療師，幫助這些有特殊需要的孩子就是
我的專業工作範圍之一，讓我為一眾父母上一課入門班，
了解清楚內向、自閉症和資優，三者間的關係。

很多父母都擔心，如果孩子的性格非常內向該怎麼
辦？其實不用太擔心，性格內向的人都有不少優點的！
有腦部神經學家的研究顯示，性格內向的人，其腦部前
額葉皮質層有較大和較厚的「Grey Matter」（Holmes et al,

---

1 自閉症（ASD）的醫學名稱為自閉症譜系障礙症（Autism Spectrum
Disorder），本書簡稱為自閉症。

2012）。因此，推論這些孩子的抽象思維和決策能力會較高。而外向的孩子，則有較高的探索能力和冒險精神。故此，只要父母給孩子們適當的培育，便能取長補短。對於家中子女是內向型的父母，我有以下的幾個建議。

建議一：害羞不是缺陷

孩子不主動打招呼，父母會經常感到很不好意思地向對方解釋一番，久而久之，孩子無形中亦會認為害羞是種缺陷，打擊自信。如果希望交代孩子不愛說話的原因，可以友善地說明孩子只是慢熱，需要較長時間去熟悉陌生人。

建議二：建立安全環境

孩子在熟悉的環境下會比較放鬆，父母大可以邀請年齡相近的小朋友到家裏玩耍，孩子自然會比較安心，開懷暢玩，亦可不時帶孩子到小朋友的家裏玩耍，逐步建立社交能力。

建議三：參與固定的團體活動

父母可多帶孩子參與固定的團體活動，例如兒童主日學、興趣班等，由於圈子中的參加者不是經常轉變，孩子有較多時間適應及建立社交能力。

建議四：作出預告

與孩子嘗試新事物前，父母需要作足夠的預告，例如，孩子準備入學時，可預先帶他們觀察其他孩子上學、放小息、排隊上校車等情況，預告上學會發生的事，減低真正上學時的不安感。

建議五：避免內向孩子互相依賴

如果家中兩個小孩都內向，父母可能要間中分開他們，避免他們太依賴對方。爸媽可輪流帶孩子去玩耍，但記得要事先和孩子預告，表明是「特別約會日」，讓他們更有期待感！

三大原則教育內向子女

其實，教育內向的孩子，離不開三大原則：第一，給予足夠的時間；第二，做足充分的預告；第三，漸進擴闊社交圈子。當孩子對事情有一定的理解和預備，自然會容易踏出第一步，父母不用太擔憂！可是，坊間有一種說法，把內向的人形容為「自閉」，甚至有人把自己獨處的時間形容成「我需要自閉一下」。可是，我必需重申，自閉症跟內向，是截然不同的兩回事。

自閉症 vs 資優兒童

在工作上我經常處理自閉症及資優兒童的個案。有不少被診斷屬自閉症的孩子，也會被坊間視為資優兒童。為甚麼一般人會有自閉症等於資優的概念呢？我來簡單講解吧！

自閉症特點

患有自閉症的孩子有兩大特點，第一，社交能力非常薄弱，第二，擁有一些於某個特定範疇內，非常狹窄而又極端執迷的興趣或行為。

簡單來說，他們喜歡進行重複的動作，又或極端執迷於一個限定的行為，例如不停重複說一句句子，又或經常無意義地做同一個動作，如不停搖手等。又或者，如果這名孩子只喜歡玩具車，就對其他玩具完全不感興趣，亦有自己特別的一套玩法，例如，他會不停地排列玩具車。

個案分享：異常的興趣、固執及重複的行為

我遇過一個個案，那名自閉症的孩子把很多精神和時間用於牢記不同的日期，他能夠記得八年前我與他第一次見面的日子，但其他需要記的事情就沒有記着。又

例如，我跟進過另一位自閉症的孩子，他對於緊閉櫃門這件事非常執着，嚴重到只要見到一絲罅隙，他就會忍不住推開所有人直奔到櫃門，把它關至滴水不漏的地步才肯罷休，對自己及別人生活造成一定程度的影響。

為甚麼坊間把自閉症與資優掛鈎？

不少自閉症的孩子對於日常習慣及興趣也非常執着，性格及思想都很固執，那麼，為甚麼部分會被視為資優兒童呢？正是因為他們極端而狹隘的專注，把大部分的時間及精神集中於某種他感興趣的事情上，以至有些自閉症兒童於某方面的技能非常出色，令人誤以為他們是資優或是天才兒童。

例如，我曾治療一名孩子，他很執迷於串英文生字，他只喜歡不停留意和串所見的英文字，所以年紀小小，就能串到極為艱深的英文生字，這樣坊間的人便誤以為他是「資優兒童」。

技能出色不等於懂得運用

可是，他們可能會忽略吸收或探索其他知識。一般人總有自己的興趣，而有些自閉症兒童，他們對一件事喜

歡的程度，可以用異於常人地執迷來形容。其他孩子一般對生活上很多事情都會產生好奇心，所以興趣、知識及專注度亦較自閉症兒童廣泛。

父母要留意，不要太側重某個「出色的技能」，而忽略全面發展的重要性。以那位喜歡串英文生字的孩子為例，他只懂串字，閱讀理解能力卻是嚴重不足，根本沒法運用英文這種語言。所以自閉與資優之間，不一定是掛鈎的！

盡早介入治療避免發展遲緩

甚至乎，因為患有自閉症的孩子一般都有興趣及喜好狹窄的特性，如果不盡早介入治療，有機會導致發展遲緩，甚至智力有所影響，或嚴重的社交、行為問題。因此，父母們要留意，若發現子女有異常的行為，例如，有重複性或過分執着於一些玩具、行為或生活小節，不喜歡溝通或與人交往等，就要盡快安排孩子接受專業的評估和治療。一旦發現，除了要改善徵狀，治療師也會協助這些孩子改善相關的問題，如專注力不足、行為或情緒問題、語言發展遲緩等。

不要因自閉問題而埋沒子女天資

　　自閉症的孩子本應跟其他孩子一樣，也有自己的天賦及潛質，有些更有很高的智商。礙於他們的情緒智商或社交能力的限制，以致很難適應學校生活和社會，亦花了父母及老師大量的精力去處理行為上的問題，反而無法讓孩子正常學習和生活，影響他們的正常發展。所以，父母們如果發現問題，必須盡快找相關的專業人士介入幫助，不要錯過孩子零至六歲的黃金時期，否則如果給自閉症的問題蓋過，可能就會埋沒了孩子的特別天資和潛質了！

　　反之，若有適當的早期介入，不少自閉症兒童都可以克服障礙正常發展，甚至好好運用其特別的專注力和鍥而不捨的特質以超越其他兒童。各位父母，請認清子女的需要，除了愛心，也需要以正確的方法培育他們，他們必定能夠茁壯成長，健康快樂！

1.6 善用長假期鞏固知識、 好奇心、觀察力 確保孩子睡眠充足

子女對學業提不起勁，又或是溫習拖拖拉拉。其中一個主要原因，是學習能力不足，令他們覺得困難，缺乏成功感。要提高學習動機，父母就要先找出子女學習上的弱點，從而協助他們提升該能力。平時上學功課已經很忙碌，不妨把握長假期的機會，培養子女的好奇心，藉此提升學習動機。

長假期與學科跟進

父母該如何把握長假期，為子女提高學習能力呢？我建議如果子女中英語文能力較弱，可以趁機鼓勵他們多閱讀有趣的課外讀物，重點是於長假期這些輕鬆而沒有壓力的日子裏，逐步改善語文能力。又或是其他的學科落後了，也可以利用長假期把去年學過的重新溫習一遍，讓子女能打好基礎。

　　父母們不要看輕一個長假期，記得明山當年回流香港，因從未學過中文，中文語文水平大幅落後，他就是靠着兩個暑假後來居上；明詩也曾到了會考前一年發覺附加數學成績稍遜，亦是趁着長假期從後追上的。

藉着長假期擴闊社交圈子

　　尤其是暑假，長假期不僅是可以提升孩子學習能力的時間，也是孩子們的黃金時間！自由時間多了，父母除了可以為子女安排適當的課外活動外，亦可以珍惜時機，與子女共聚天倫。我記得當年與明詩明山也有一起參與暑期家庭宿營，帶給我們非常快樂的共同回憶！到了中學階段，我會多鼓勵他們參與聯校活動，既可以讓子女多跟不同背景的學生交流，又能擴闊社交圈子。還記得當年明詩到外國升學，人生路不熟，也是靠着很多中學時期維繫下來的朋友，才能夠走過尚未建立社交圈子朋友的「寂寞時光」。所以父母也可以多藉長假期的機會，帶同子女參與不同朋友的聚會或活動，讓他們增強溝通能力，說不定，可以為子女帶來一場畢生難忘的珍貴友誼呢！

好奇心的培養：從環境中發掘驚喜

長假期可培養子女的好奇心。與其說好奇心是種天賦，我認為它是一種生活習慣培養出來的特質。要培養好奇心，最好的方法是由生活中開始。凡事只要換個角度，永遠都有我們未發現的新鮮體會。例如，走在街上每天也可以看到新推出的廣告牌，很多父母或者會匆匆走過，我就會藉此機會叫明詩明山停下腳步一起看，欣賞其出色的設計，又或互相分享這個廣告的吸引之處。如果當中有一些子女不認識的事物，更可以向他們講解一番。

父母或會覺得很多生活小事無關重要，但其實卻是引發好奇心的最佳教材，當中能啟發孩子的批判思維。例如看見汽車零件，可以跟子女一起奇思妙想：汽車的四個輪子可以當成水泡浮在水面，像小船般於海中航行嗎？孩子的想像力，也許會嚇你一跳！好奇心的培養，源自於父母引導子女從周遭環境中發掘不同驚喜。

利用好奇心培養觀察力

旺盛的好奇心，亦可以帶動觀察力的訓練。每當我們一家人去郊遊，我總是會叫子女觀察眼前的景物，與上次來的時候有何不同，從中希望他們思考季節的轉變、

植物的種類等,利用環境,讓他們習慣每看到新的事物亦感到興趣,動動腦筋。只要抱有好奇心,自然就有學習的動機了。當然,父母亦不是百科全書,不可能對每樣事物都有個完美解釋。不用介意,與子女一起找尋答案,亦是一個教育子女解難及不輕言放棄的大好機會!

培養好奇心並非只靠興趣班

很多父母或會認為參與不同的興趣班就可以培養興趣,啟發好奇心。當然,適度的課外活動,有助孩子發現真正的興趣,但畢竟興趣班的內容只專注某項培訓,限於特定範圍,例如田徑班是訓練體能及毅力;而樂器班則是學習音樂。通常培養好奇心,並非班中導師的首要目標,而且學習大量的技藝亦不會令子女的好奇心有所增加,更可能會適得其反,令他對生活感到疲累,對周遭事物提不起興趣。所以,父母務必要小心,不要在長假期安排過多的活動或練習,要多給予子女空間和足夠的休息,這樣他們才會對生活和各種挑戰有着正面的能量!

子女聰明伶俐的秘訣:充足的睡眠

說到給予子女足夠的休息,有研究顯示,除了遺傳基因會影響子女的高度和智能發展外,腦部的生長亦受

環境所影響，例如激素的分泌。

激素分泌受睡眠時間和壓力的影響，睡眠不足會減低生長激素的分泌，壓力則會增加腦部皮質醇（Cortisol）的分泌，壓抑腦部生長，所以父母除了要鼓勵子女有充足睡眠，也要避免施加過多壓力。這才是令他們快高長大，聰明伶俐的秘訣。

專家建議的睡眠時間

各位父母，我為大家搜集了專家建議的睡眠時間：3 至 5 歲是 10 至 13 小時；6 至 13 歲是 9 至 11 小時；14 至 17 歲是 8 至 10 小時，而成年人則是 7 至 9 小時。那麼，睡眠不足會帶來甚麼壞處呢？

睡眠不足壞處多

睡眠不足除了會帶來疲憊感，壞影響其實還多着呢！很多研究發現，睡眠不足會令人學習能力下降、反應變慢、記憶力及專注力不足，容易忽略細節，注意力及認知能力亦下降，影響執行及判斷能力，隨着以上種種，創造力亦受到限制。腦部功能不能於一個良好狀態下運作，學習動機亦會下降。最後，睡眠不足還會引發出一些荷爾

蒙，影響思考力、體能及情緒，例如，變得容易發脾氣。

　　你看這麼多的壞處，「開夜車」讀書又怎可能對學習有幫助呢？人處於一個太累的狀態，根本不可能記得書中內容，更遑論吸收了。明詩讀中小學時，幾乎沒有試過「開夜車」。高小時一般於晚上 10 時半前睡覺，而中學時會於晚上 11 時半前睡覺。就算是高考期間也不會超過晚上 11 時半睡覺的。各位父母，充足的睡眠、多接觸戶外活動，藉由長假期的豐富時間趕上學習落後的進度，才是讓子女們重新出發的機會呢！

96 年暑假，明詩明山與朋友在家庭營玩樂。

孩子年幼時，我們常常在週末或長假期一起享受家庭活動。

1.7 支持子女「追夢」
放下成見　共同規劃

明詩曾分享有關追夢的感受，引起不少討論。的確，綜觀生活壓力、社會環境及價值觀等，香港真的是欠缺了追夢的土壤，難怪不少父母對於子女追夢這回事都有所憂慮。但換個想法，子女有追夢的決心、冒險精神，而且願意為訂下的目標去堅持，這不也值得鼓勵嗎？

年代不同，年青人追求價值，對自己要有怎樣的前途，各有想法。要如何走出屬於自己的人生路，成為了很多家庭之間，尤其是父母與子女之間的矛盾。

對於夢想，我聽見最多父母說的一句話就是：「我食鹽多過你食米，這份工一定無前途，聽我說一定沒錯的！」而當明詩表達自己希望參選香港小姐的意願時，我亦聽過身邊不少的聲音說：「讀那麼多書去發明星夢，真是浪費」，「讀完法律都去選美，犧牲前途都不知為了甚

麼」我並沒有介懷,反而更切實地感受到年青人要追夢,確實要承受不少來自家庭或世俗的壓力。

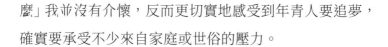

兩代不必對立?父母可成避風港嗎?

然而,我從自身的經驗中學習到,談及夢想,爸媽與子女不一定要處於對立面。其實,着重的是作為長輩如何放下身段,打開心扉,願意靜心聆聽及接納子女的聲音。我建議父母可以選擇一個合適的場合,例如是晚飯時間,又或一同飯後到海傍散步等,營造一個能夠心平氣和的對話空間。反之,如果大家已經去到一個在言語上充滿火藥味的臨界點,大家就要先停一停,冷靜一下。

子女堅持理想,作為父母,我認為可以基於自身條件提供一些適當的支持,但切記不可太多,有時更需要學懂放手,讓孩子有機會磨練出解決問題的能力,自己創造機會去達成理想。而且,父母的支持不一定是物質或經濟上的幫助,亦可以是情感上的表態,令子女知道無論成功與否,父母都會是他們最後的避風港,無論如何,也有家人的守護和給予支援。

以行動支持 以實例分析「現實」

說到追尋夢想,明詩的經歷確實是一個很值得分享的例子。明詩中三時,夢想要入讀劍橋大學。畢業後,夢想卻是當選港姐。這個決定,對我和丈夫來說當然是充滿未知數,然而我們卻選擇告訴她「你得嘅!」競選的過程中,明詩因日程頻密及壓力巨大而消瘦了不少,我能做的,就是為她準備豐富的早餐,為她「加油」!

不過,追夢先要量力而為,要因應環境不斷調整執行的方法。堅毅就是追夢不可或缺的條件,父母若能及早培育,便可幫助孩子更有力量地踏上一場追夢之旅。作為父母,既擔心子女的想法不夠實際,又憂心他們的人生會過得艱苦,無以為繼。畢竟年代不同,舊一代焦點放在三餐溫飽,新一代則着重找尋理想。我認為這正常不過,夢想以外,最重要的還是讓子女思考「現實」。而我的秘訣是甚麼呢?就是帶子女體驗真實的世界,而非長篇大論強迫子女照單全收。

例如子女希望將來當一名導演,父母可以帶他們到不同影展觀賞電影,共享興趣之餘,亦可為子女爭取機會與行內人士進行交流,甚至安排參觀片場。或者鼓勵子

女參與實習或工作坊，真實體驗實際的工作環境，而非一味否定他們，甚至自己未曾了解清楚實際環境就加以否定。父母應該與子女一起分析，保持開放的溝通，助子女自行反思自己是否合適，是否準備好迎接夢想以外的真實世界。反之，如果子女沒有特別目標，父母亦不能責怪，而是透過觀察他們的長處，按其興趣與他們一起探討及規劃未來。

行行出狀元

明詩的追夢之旅，也令我獲益良多。以往我很少留意演藝相關的新聞，自從她入行後，我就開始留意行內人士的工作，包括幕前和幕後的工作人員。了解過後，我開始佩服他們的堅忍和適應惡劣工作環境的能力，他們經常要日夜顛倒，捱更抵夜，亦需要有非常高的抗壓能力。娛樂圈，畢竟也非只是娛樂一下這麼簡單。

明詩還跟我分享過，做演員其實需要很強的專注力和記憶力，鏡頭前需要牢記很多台詞對白，又要高度專注，同時控制自己的情感、眼神等。有天我在街上驚見有輛汽車四輪朝天，以為是甚麼交通意外，原來是拍攝劇集的現場。當天天氣酷熱，連我這個路人也希望找個地

方遮蔭避暑，但見大班演員和幕後工作人員汗流浹背地專注拍劇，非常敬業樂業。

與子女一起分析

說到底，子女會有夢想，大多是因為興趣所在，或是從自己擅長的事物中找到信心。父母必須設身處地，明白子女的專長也許真的不是讀書。就算喜歡玩滑板或騎單車，只要咬緊牙關，子女也可以是 13 歲就踏上奧運頒獎台的滑板選手西矢椛，或是牛下女車神李慧詩。

如果子女有夢想，父母未必需要一下子成全，但至少也可以跟子女一起分析，尋找發展的可能性，相信子女於理想中亦有獲取成就的能力，並加以培育。一個社會不可能只有一種人，更不可能只有會考十優的年青人。當父母的，亦需與時並進，開放自己，不能讓自己與年青一代脫離太遠的呢！我深信，每個人都有自己的才能，只要加以培育，走適合自己的道路，行行出狀元，而這位狀元是否由你的子女擔當，全賴父母的支持、理解及培養！

演員工作的辛苦非外人能道，父母唯有多了解不同職業，才能與
孩子分析不同的發展可能。

孩子的性格發展

Chapter 2

CHARACTER DEVELOPMENT OF CHILDREN

2.1 不要做個「好爸媽」！ 怎樣有助子女自立

很多父母對孩子無微不至，照顧周到，可知道這些「好爸爸好媽媽」可會害了孩子呢？其實，父母不需要做得「太好」，只要「夠好」就可以了！何謂夠好，又何謂足夠呢？我非常重視明詩的獨立自理能力，怎樣培養呢？我以她年紀小小便自行照顧自己的經歷，來為各位父母作出介紹。

英國心理學家 Winnicott 提出著名的教養理論——「夠好的母親」（good-enough mother），即是指「隨着嬰兒漸漸長大，母親漸漸專注在她自我的需要，同時對嬰兒不再有求必應。這段過程對嬰兒是艱難但有建設性的。」意思是，媽媽只需提供能有助孩子發展的環境，從中接納和支持孩子獨立。簡單而言，即是除了滿足孩子的情感需求，也要適度地讓孩子吃些苦頭，從挫折中學習自立。

何謂「夠好的爸媽」？

說到只需提供子女足夠的發展環境，何謂足夠呢？其實就是於生活細節上，無論大小事情，只要是子女能力所及的，作為父母也應該盡量讓他們發揮及嘗試，不用事事緊張，硬要幫他們完成。

例如，當一個小孩學懂走路，他就會希望到處探索，父母如果因為擔心而上前攙扶，又或拖着他改變方向，其實就是父母把自己的意願硬加於孩子身上。有些父母會為子女預先準備好所有事情，連打開一個瓶蓋這樣簡單的事，也不讓孩子親手嘗試，不就是浪費了讓子女學習及鍛鍊的機會了嗎？過分照顧，對孩子的自理能力有着深遠的負面影響。

從自理能力開始

以我為例，我十分重視從小培養明詩的獨立自理能力，但如她能力不及的話，我便從旁輕輕助她一把，盡量鼓勵她自行完成。當明詩一歲半時，我讓她學習在人羣中穿梭；兩歲前她便能自己如廁；六歲時她懂得游泳後自己洗澡。八歲時，她更主動要求去澳洲探姑姐！由於

我和丈夫要上班，未能抽空陪伴，幾經商量後便決定讓她自行乘坐飛機前往澳洲。我們安排了航空公司職員沿路協助她，並通知了姑姐在機場接機。最終，成功造就她首次自己出國的經歷！明詩亦因為從小便習慣接受不同的挑戰，逐步建立起自信心，勇於面對困難。

青少年期也是關鍵時機

千金難買少年窮！我建議子女無論於本地或海外升學，父母都不應給予子女過於豐裕的生活費。應該藉着這些機會好好鍛鍊他們。有很多問題都可以用錢來解決，但若然子女享有太多錢財，則很多生活上的難題都不用想辦法處理，那又怎能夠達到獨立解難的目標呢？

記得當年明詩在英國留學，由於英國一般的寄宿學校都會於假期時關閉，有些留學生不假思索便直接召喚的士前往監護人住處。而明詩為了節省生活費，自己推着約 30 公斤重的行李，乘搭公共交通工具前往目的地。倫敦很多地鐵站都沒有升降機和扶手電梯，對一個 18 歲的少女來說，不正正是一個操練的好時機嗎？

留學時，因為生活費緊絀，明詩需要經常自己解決

困難。例如往二手店購買廚具、衣服；聯絡師兄姐們購買二手書籍等。這些經歷，不但訓練出她的解難能力，更能鍛鍊明詩的社交能力呢！「窮則變，變則通」，就是這個道理吧！其實，當媽媽不用追求「超好」，按孩子的能力給予適當的挑戰，就已經「夠好」了。

父母要鍛鍊觀察力

或者有些父母會覺得我很奇怪，竟然放心讓年紀小小的孩子獨自處理這麼多事情，「好父母」不是應該盡量照顧嗎？其實不然。因為一旦孩子習慣接受幫助，便會認定自己沒有能力，形成「無力感」，從而過分依賴父母，甚至誤以為所有人都應分照顧他，長大後經歷現實的世界便會難以適應。

有些父母認為對子女愈是服侍周到，愈是無限付出，就是照顧得愈好。其實父母只需於日常生活上保持開放態度，讓子女學習獨立，自行揣摩，不需事事插手。很多父母會感到迷茫，怎樣才算「夠好」的爸媽？其實，「夠好」的定義，不在於父母覺得何謂足夠，而是把重點放於子女的能力上。透過仔細觀察，從旁守護着孩子，去讓他們自由探索生活上的不同事物。

如何做到剛好足夠，不過就是取決於父母如何看待「最好」。是物質享受，還是過分照顧，抑或是為孩子創造空間，讓他們安心飛翔，認識自己，創造屬於自己的一片天地呢？

明詩獨自乘機赴澳洲探望姑姐。

2.2 孝心是怎樣一回事？
物質化與性格的發展

「百行以孝為先」，我今天才真正體會這句話的意思。明山和明詩長大後，最能令我和丈夫感到安慰的，不是他們的學業成績或事業成就，而是他們對別人的關顧。孝心其實與同理心息息相關，培養出子女同理心，對父母的這份關愛延伸至他們身處的環境中；加上感恩的心及高的情商，子女未來就能擁有高尚品德，致力回饋社會。

孝心的體現

我跟丈夫都非常感恩，時至今日，子女都長大了，有自己生活，但對我們，甚至其他親人還是愛護有加。每當我們身體稍有不適，無論明詩及明山工作有多麼忙碌，仍會趕過來關心我們的身體狀況。又或當我們生活上有甚麼需要，他們都會立即伸出援手。早前爺爺身體不適，明山立即陪伴他入院治療，一直照顧至夜深，事後也經常致

電問候，並會於下班後前往探望爺爺。又有一次，因我和丈夫一向節儉，很少外出用膳，為了這緣故，明詩特意申請了一張附屬卡給我們，說：「我們辛勞一生、也希望此刻享受一下！」

情商與孝心的關係

以上的所有事情，都叫我和丈夫份外感動！更開心的是，我發現他們不僅只對父母，而是對周遭的人和物，包括朋友、外傭、小狗等，都樂意出錢出力，照顧他人時毫不吝嗇！我從自身體驗中恍然大悟，原來有孝心的人，一般都擁有一種高尚品德，對周遭人及物的遭遇都有感同身受的體會，因而作出相應行動。若一個人對於周遭的環境完全沒有感應，對他的朋友、親人，甚至父母都沒有同理心，那怎麼期望他能學懂愛護別人，更遑論是主動回饋社會了！

父母若希望子女將來有孝心，首要做的就是培育子女成為一個有高尚品德的人：教導他們要關顧身邊的人，而不是所謂「執輸行頭慘過敗家」。父母更需以身作則，以身教設立一個好榜樣。要培養子女的良好品格，例如同理心，家長需要仔細思考自己的行為會如何影響子女

的長遠成長、看法以至道德觀念等，這的確不是一條簡單的方程式。

從生活細節着手引導

父母可以於生活細節中着手，如在商場中為下一位人士推一推玻璃門，讓他們學習從生活中建立照顧別人的習慣。父母亦可以透過與子女聊天，請他們回憶自己曾被關愛的時刻及對方的行為，學會推己及人。教育子女，是要引導他們觀察及吸收自身的環境來學習知識及培養品格，而非只灌輸他們深奧的道理。

自我中心 vs. 感恩的心

父母要謹記不可以過分滿足子女，要培養他們的感恩之心。還記得有一年明詩的生日，因為家翁意外跌傷，我和丈夫因為照顧他而整天忙個不停，無暇預備生日禮物，更沒時間準備生日晚餐。豈料，她自己預備了一頓豐富的生日晚餐給一家人共享。席後，她端出一份禮物，送給我和丈夫，感激我們的養育之恩。我倆甚是欣慰，不是因為禮物的價值，而是因為她和明山都有一顆感恩的心。

我和丈夫都傾向不過度滿足孩子的要求，特別是在

物質上。兩者有甚麼因果關係呢？一旦習慣唾手可得，就會讓孩子誤以為一切都是「應分」的。不單只是父母對他們的付出，他們也會錯誤推理別人恩待他們，都是理所當然的，久而久之，變得不知感恩。

父母若做得恰如其份，子女既能明白父母對他們的愛，亦不會養成自我中心、自私自利的性格。實際怎樣運作？子女若要求買最新款的物品，例如手提電話，父母可以告訴子女，現時有的已經足夠應付生活和學習所需，不如把買新電話的錢儲起來吧。若子女繼續爭論，父母可以重申觀點，並表明不必再花時間爭論了。無止境的辯論，只會令子女誤會他的理據比父母強，道理在他們那邊。

建立互愛社會

很多讀者亦向我傾訴，當子女長大後，彼此閒話也不願多說一句。所謂預防勝於治療，坊間很多專家亦着重如何建立良好溝通，其實亦可考慮從培養子女情緒智商和同理心方面着手，尤其是要學習照顧別人的感受和需要。畢竟，我們都希望這個社會能夠多一點溝通，多一點愛，共度每個艱難時刻。

　　有時，我回頭一看，感慨光陰似箭，回想 20 多年前
照顧小孩的日子，我就如天下父母一樣，期望子女成才。
到了今天，才體會到最令父母感動的，不是子女的光環或
成就，而是子女對家人以至別人有關愛的心。

最令父母感動的，不是子女的光環或成就，而是子女對家人以至別人有關愛
的心。

95

2.3 孩子可不追求名牌 心靈健康一生快樂

無論要培養孩子怎樣的品格與修養，父母也不可只把道理一直掛在嘴邊就算，反而是要思考給予孩子一個怎麼樣的成長環境、經歷及榜樣。說到品德培育，最重要的，還是身教。要培養子女知足的品德，亦是同一道理。

與其說知足是一種品格，對我而言，知足常樂是一種生活態度。如果父母對於生活也抱持一個知足的心態，子女一定能接收到這種良好的影響。又或每當父母遇到不如意事的時候，其反應就是賜給子女的身教了。

為何知足的子女才懂感恩？

為甚麼說知足是一種心態呢？因為它不只在物質生活上呈現的。舉個例子，有些父母不會過分追求奢華，但於日常的細節裏卻處處不滿，例如於地鐵上遇上人潮，就

會毫不耐煩又或滿腔埋怨說:「香港太迫,唔好住!」這對於孩子的印象來說,是一件微小的事,原來也會觸發父母的不滿。其實,或者父母可以改為說「這班車太迫了,唔緊要,等下一班吧!」這不是更正面嗎?

每個人都有把「滿足」的尺,我們沒法找到一條完美的界線,但我們可以由自己做起,建立一個心靈富足的心境。大家可能會忽略,其實父母對對方的滿意度,亦會對子女的知足心態造成影響。父母間的相處如果充斥着不滿,會影響到孩子對人際關係的看法。孩子如能學會知足,就能夠對別人的關愛心懷感恩,即使是再微小的關懷,亦能珍惜與感激。反之,孩子如果不知足,就會一直要求別人對他付出,更甚者覺得這是應分的。

於遊玩中學習知足

明山和明詩從小便學習到知足的快樂。現在他們已經長大成人,不時亦會雀躍地重提童年回憶,想必對他們來說,都是一些特別的生活體驗。那些不一定是奢華的生活,但一定是特別的時光!

那些年的日子,我和丈夫都因工作忙碌又要照顧子女,生活緊張,所以一旦抓到機會,就喜歡一家人去郵輪

度假。好處是，除了小朋友在船上可以有他們自己活動的空間，也給我和丈夫一些歇息的機會，不需要為趕行程而要轉乘交通工具及挽行李呢！累了，可以隨時入船艙休息，卻無阻孩子們自己尋找他們覺得新鮮的玩意！還記得明詩當時才八歲，拿着房卡在船上跑上跑落，更可以難得地選擇自己喜歡的遊戲機。

意想不到的是，除了我和丈夫喜歡郵輪，原來明山和明詩對郵輪假期也留下美好的童年回憶。近年，他倆更主動提出安排一個「Seacation」，讓一家人可以在疫情期間一起度過週末。回想起來，真的玩得很開心！

他們年少時，我們為了供樓，生活都很節儉。所以每次上郵輪都是訂內艙房。這次由他倆全盤打理，竟然給我們訂了海景露台客房呢！明山和明詩戲言，感恩當年體驗，才能讓他們今天對於住海景露台客房不覺得是理所當然。而且，令他們覺得自小付出的努力，讓他們覺得有「upgrade」的感覺呢！

從不如意中培育正面態度

又記得當年因節儉，我們一家參加了一個平價旅行團。所住的旅店令人非常失望，除了沒有電梯，還要自己

搬行李上樓,其浴室的設備及狀況都十分糟糕!不過,我和丈夫都正面看待,沒有心存埋怨。

往後,每當我們入住任何酒店,明山和明詩都覺得比那次經驗好,感到滿足。相比其他每每都住得好、食得好的同齡小孩,我發現這些孩子確實是比較不喜歡到落後的地區旅遊,甚至是在香港時,去甚麼餐廳進餐也十分挑剔。時到今天,回想起這間旅店,我們一家都覺得是一個非常特別的共同回憶呢!

說到知足的概念,很多時也與貧富相提並論。我也見過有些比較富足的家庭,他們的子女亦可以培養出謙遜及節制的特質,貴乎父母對於貧富、物質有否過分的執着,以致經常把錢財掛在嘴邊,又或過分追求超越自身可承擔的物質生活。還是無論經濟環境如何,父母亦活得快樂而自信,其子女自然亦覺得心中富足。總括而言,一個人如果不抱持知足的心態,就算能力再高,也沒法達至滿足的心境。

助子女建立腳踏實地的品格

很多家長亦想知道,在這個物質豐富的年代,怎樣才可以教育子女避免與同儕比較呢?首先,當然是父母沒

有比較的心態，子女自然明白擁有之物再多，亦不是一個人高或低的指標。如果父母有幫子女建立足夠的自信心，子女對於自身價值亦不會依賴於「人有我無」的概念，自然亦不會因為物質多少而覺得自卑了！

最後，我亦想以我在《我的女兒麥明詩——一張白紙到 10 優的培育經歷》書中借助「千金難買少年窮」的比喻來勉勵家長們，不需要為子女安排甚麼最好的、豪華的享受。反而，要讓孩子學習腳踏實地、勤奮向上及努力耕耘的精神，他們必能活出豐盛人生。

感恩明詩明山一路快樂健康地成長，現今看到他們回饋社會我們感到欣慰。

2.4 講「對唔住」是未夠的！ 如何培育子女責任感？

每當子女做錯事，父母可以怎樣把握機會，教育子女承認過錯，從而學習承擔責任，學習聆聽及願意妥協？也許大部分父母都會苦口婆心，希望以大道理去令孩子明白犯錯就要道歉及認錯。然而，很多父母往往跌入一個盲區，就是每當孩子主動道歉，教育過程就會完結，其實我們還可以珍惜機會，以不同角度去培育子女將來成為富有責任心的年青人！

讓子女學習承擔後果

我們回想一下，每當子女犯錯，作為父母除了即時糾正，又有沒有繼續留意，孩子是怎樣承擔後果呢？讓我舉一個簡單的例子，有一天孩子因為貪玩打翻飲品，他很快便向你認錯和道歉了，然而，誰人負責善後呢？是你還是他呢？每次孩子犯錯後，他真正作出的跟進行為是甚麼呢？

回憶明詩年幼時，曾不小心把一件新玩具摔壞了，我和丈夫也沒有給她買一件新的代替品。即使已經訓示過子女，又或他們已經明白過錯並真誠認錯，很多父母便會隨即心軟，再買新的玩具給他們，其實這樣亦會間接令子女誤會道歉的作用。即使孩子明白錯在哪裏，如果父母一直為他們的犯錯行為作出補償，久而久之，亦會培養出犯錯後亦有父母補救的錯誤認知，有機會影響子女日後的責任感或紀律性。如果玩具壞了，就由它失去好了，子女才能明白珍惜的道理。

引導子女道歉及善後

當父母發現孩子懂得認錯，但仍然不停重複犯錯，或許就要思考問題的核心：子女是否認為說一句「對不起」便是負了責任？每次犯錯，只要認錯，父母便不會再追究了。久而久之，道歉流於公式，甚至成為敷衍他人的話語。

要避免上述情況，父母要時刻提醒自己，認錯最終目的是為了改過。對不起後需要想方法補救，並要付諸行動。因此，父母要多做一步：引導孩子負責任。用剛剛打翻飲品的例子 —— 孩子說對不起後，父母能平和堅定地指導他清理現場，不要貪方便而幫他善後；當子女

忘記帶某些東西，不要叫傭人幫他們取，要讓子女自己承受後果。又例如當子女遊玩時不小心弄傷其他人，除了誠懇道歉，亦要引導孩子去問對方需要甚麼協助，主動負上責任。

以讚賞正面地培養責任心

除了引導子女承擔後果，要培養子女的責任心，原來跟父母日常的正向思維也有莫大關係。面對子女的日常表現，父母如能保持正面樂觀，而非處處指責，有助子女建立責任心。父母可以於生活細節中對子女的負責任行為多給予鼓勵及讚許。例如準時交功課，完成溫習進度，甚或整理好自己的玩具等，令子女意識到原來自己是有能力承擔責任的。除了於犯錯的事上指責以外，父母也要提醒自己多以正面的方式，肯定他們有承擔責任的能力。

切勿過分遷就子女

我們每一個人都是獨特的，總有自己的性格，這也是令每一個人，每個孩子獨一無二的原因。有些孩子性格難免較為倔強，受軟不受硬，明知是自己犯的錯也不甘

於道歉。除了性格之外，父母也許曾不經不覺間過分遷就孩子，造成一個「過分要求，過度退讓」的局面。

有一次明詩不小心摔壞了哥哥明山的手提電話，我沒有責罵，但要求她在自己零用錢的儲蓄中，拿一部分來賠償一部新的手提電話給哥哥。當中的重點不在於手提電話，而是要讓子女明白犯了錯不能不了了之，一定要勇於承擔。即使當刻未有能力獨力承擔，最重要的是培養出這一份責任感。

過分的遷就或不了了之，令子女間接變得固執，不願承認過錯之餘，更大哭大鬧。遇到這種情況，父母更不能為了避免與子女發生衝突而忍讓，而應協助子女減輕這種性情，不能任由這種性格不斷發酵。

一家人互相協調

說到底，一個家庭的關係及相處模式，也非朝夕之間形成，而是靠着家庭成員從一開始就建立的良好溝通基礎。父母二人，又或爸媽與子女之間取得平衡，願意互相協調，就是一種身教。如果父母之間亦習慣各執一詞，互不妥協，子女又怎能夠學會聆聽及包容別人呢！

培養子女的責任心，父母必須讓孩子親身體驗事情的後果，才會令他們真切理解到自己做錯事所帶來的影響，進而學懂改過的重要，不重複再犯。父母們，我們必須明白，教懂子女道歉只是基本，教懂他們負起責任、重新改過及願意妥協才更為重要呢！

讓子女承擔部分家庭責任，可建立他們的責任感。

2.5 創造力、上進心的培育
父母可助締造孩子自信心

> 如何培育子女的創造力？其中一個重點，就是提升創造思維的能力。傳統教育比較則重於左腦的訓練，例如語言和邏輯推理等。父母若要提升孩子的創造思維，就不要忽略訓練右腦的功能，例如藝術、音樂等。

　　但是，父母不要以為有多元化的創造思維，就一定有豐盛的創造力。因為，成功的創造過程，需要有頑強的意志力，才能夢想成真。以下讓我為大家分享一些培養創造力的心得，亦再次提醒父母，孩子各方面的發展亦是密不可分的，創造力其實跟堅持、自信心等是有關連的。

培養發散思維（Divergent thinking）

　　要培育子女的創造力，首先是讓孩子在思想上「放飛」，放手讓他們任意發揮想像。其實，這是一種名叫發

散思維（Divergent thinking）的訓練，意思是以一件事物為基礎，延展多個可能性！這與我們平時工作上經常提到的腦激盪（Brain Storming）是相類似的概念，原來可以當成小遊戲跟子女玩的！

腦激盪遊戲

父母平日可多和子女玩腦激盪遊戲，就算不合邏輯也沒關係，一想到甚麼也可列舉出來。例如，我曾向一班孩子提出，一塊很大的透明膠片可以做甚麼呢？他們想到可以造個透明防菌面罩，更有孩子說要用來為她家的小狗構建一間透明小屋；有孩子更是天馬行空，想像用膠片造成一部透明的無人機，在進行任務時就可以隱藏起來了！這些遊戲的重點，不在於教育邏輯，對錯是完全不重要的。重點是讓子女勇於想像，動用右腦去發揮創造的能力，而且也跟父母分享，父母可加以鼓勵。久而久之，孩子就會更勇於發揮想像力。

當子女擁有了創造力，要創造不可能，靠的就是一顆勇敢追夢、奮鬥上進的心。上進心源於一些動機演變成想法，繼而驅使一個人朝向目標進發。只有夢想而沒有堅持去實現就等於「發白日夢」了。要建立子女的上進

心，父母可以由支持他們發掘興趣開始。當他們成功了，再加上父母的支持和鼓勵，這份成功感可促進子女自我激勵，更有動力去做好一點，學多一點。

上進心是一層一層的疊加而組成的，因為有了以往成功的經歷，孩子才能產生聯想（Association），去相信努力原來真的可以成功，從而建立出自信心及正能量，一步步邁向成功。

父母切勿「好心做壞事」

說到自信心，這兩年的疫情對學生的影響甚大，各年級的同學都減少了很多在學校上課的機會，成績有些落後。幼稚園學童都因減少了在校活動的機會，引致小肌肉、大肌肉、專注力等的能力都落後了，很多父母都很焦急希望幫孩子回復自信心。

可是，當家長越是心急，就越容易講出一些負面的說話，例如：「你的表現這麼差，點算呀？」這樣只會讓子女更加挫敗。一直以來，當我提供諮詢服務時，觀察到父母們經常「好心做壞事」。父母要切記，你們是要激勵子女的自信心，不是推倒他們的自信心！所以，父母一定要時刻檢視自己，你是在幫子女建立，還是挫敗他們的自

信心呢？以下有幾點實際的做法可以幫助各位父母的。

第一點：落後都可以追回來的

父母可以告訴子女，即使程度稍為落後了也不要緊，表現有高有低是人之常情，教育子女不要妄自菲薄，只要重新努力，一切也可以再進步的。

第二點：共同解決

父母可以跟子女商討問題，一起思考解決方法。例如跟子女一起挑選實用而感興趣的工具書，又或詢問他們對於短期補習的意見等，互相聆聽，共同進退。

第三點：協助子女主動計劃時間表

父母可協助子女計劃好每周，甚至每天的日程，均衡分配工作及娛樂的時間。不過，過程必須鼓勵子女自己主導，因為有他們的主動參與才能成功的。想要子女主動，就不要把目標設得太高，屢次失敗只會令他們氣餒，失去信心，跌入惡性循環。例如，明知子女一天內不能完成 20 條練習題的，就計劃只做 10 條，循序漸進。

第四點：多多鼓勵

　　父母們要小心自己的言詞，多聆聽子女的內心感受，並多給予鼓勵的說話，例如：「你是可以改善的，你是有能力的」！

父母是子女的「最後支柱」

　　雖然明詩經過多年的培育後，從缺乏自信變到充滿自信，但還記得明詩初踏進娛樂圈的時候，因為成為公眾人物，被各方面評頭品足，也難免有不少負面評價，曾令她一度質疑自己的能力。我作為她的媽媽，只能從旁守護，不時給她一個擁抱，默默地支持她。

　　在子女成長的每一個歷程中，我們作為父母，是子女的「最後支柱」，孩子才能安心地飛得高、走得遠。對於子女的夢想，父母應該保持正面，難道不是子女有目標總比漫無目的好嗎？子女主動按照訂下的目標奮鬥，其實是對自己有所要求，這已經是上進的動力。父母不應以從事甚麼職業來判定子女的前途是否理想，而是去看子女那份想要成功的決心。當一個人達到該領域的頂尖位置，就不再是一個平庸的人。無論在心理或資源上，父母如果能幫助子女去達成目標和理想，他們就有機會訓

練自己，做到最好。培育創造力、不怕困難、堅毅不屈
的精神，這些素質，比崇尚成績、訓練大腦功能等，更為
重要呢！

父母能從旁守護孩子，不時給她們一個擁抱，默默地支持她們，為孩子建立
自信。

孩子的學習

Chapter 3

LEARNING AND
SCHOOLING OF CHILDREN

3.1 培育數學能力的關鍵：「數感」讓孩子更靈活思考

不只是孩子，很多成年人一看見數學，都會覺得害怕。對於如何訓練子女數學能力，大多父母還沿用死記硬背的概念。不少父母的確很早便督促幼兒背誦乘數表，為的是希望孩子快人一步。然而，對於尚未對數字有概念的幼兒而言，以上方法只是揠苗助長。父母真正要培養的，是孩子的「數感」（Numeracy），這才是學習數學的真正關鍵。訓練數感還可以加強邏輯思維、組織及執行能力，對子女的全面發展有很大幫助！

「數感」，其實是對「數」的直觀概念或敏感度，簡單來說，即是如何用「數字」與「數量」去理解不同情況，以至怎樣用來解決問題。買一樣物品需要多少錢；哪條路線回家距離最短；估算網購產品的大小等，這些日常生活例子都涉及數感。

簡單輕鬆理解數學概念

數感訓練，是一個簡單輕鬆的方法去理解數學概念，亦有助子女增強數學解題方面的能力。例如，如果孩子只懂得死記硬背乘數表，卻不懂得應用，亦無助他們理解何謂數學。

父母可以運用生活中的事物，例如於巴士上見到一排排椅子，可以與子女一起探討如何數椅子數目會最快呢？以兩張一行為提示，引導子女回想乘數表中的算式，子女就能理解乘數的應用，不但能較易掌握複雜的數學及物理概念，亦能真正把數學靈活運用於生活中。如子女具有良好數感，即便日後不再深造數學，亦擅於用數字去應付工作和生活所需。

數感有甚麼實質用處

數感亦可增加子女以多角度解決問題的能力。解難能力在於當一個方法行不通，孩子會靈活變通，以不同角度思考及組織解決方法。訓練數感有助加強子女邏輯推理、組織及操作能力。數感是邏輯思維的一種，一個人的組織及操作能力，當中有不少範疇都需要數感的認知，

例如時間的編排、人力的協調、重複的運作，又如幾多次、幾多人、多久才能完成某件事等，這樣的組織力及執行能力，其實亦是數感的一種。

很多父母都偏重於培養子女的語文能力、興趣或品格，其實數學的理解及訓練亦相當重要，對子女應付生活及將來工作上的難題，都有顯著的幫助呢！要培養數感，父母可按孩子的年齡在日常生活中設計一些小遊戲。

怎樣培育數感？

2-3 歲階段

父母可隨時隨地與子女一起玩數數目遊戲，數出各種出現於周圍環境的物件。2 至 3 歲的孩子尚在發展語言能力，父母能多唱數字歌謠，讓他們慢慢跟着唱讀，認識簡單數字。日常生活中，見到含有數字的東西，例如樓層數目、時鐘、電話號碼、日曆等，父母都能加以提醒，引導子女進行觀察。當孩子認得數字後，便能隨時隨地數數目，數自己有多少件玩具、多少隻手指、有多少粒提子分給他吃等，奠定日後辨認數字的基礎。

3-4 歲階段

父母可以引導子女用數字解讀生活。當孩子開始會走會跑時，父母不妨用更多工具，引導孩子用數學理解不同情況。例如用尺量度身高、用磅記錄體重、用日數或月份了解歲數、比較不同大小的玩具等。而當中原來又涉及不同單位，例如身高可用厘米或米表示、十二個月等於一年等等。一方面建構孩子簡單的數學概念，亦令他們對數學提高興趣。

5-6 歲階段

父母可引導子女用不同方法處理問題。當孩子習慣用數字去理解生活時，下一步便是如何利用數感解決問題。在生活中有很多數學問題，例如怎樣分配食物，如果孩子要分配一個水果給四個家人，要怎樣做？想購買心儀玩具時，不同面值的金錢要儲存多少數量。（例如一個公仔值 $9，是要儲一個 $5 加 4 個 $1 硬幣）玩數字桌遊時，對骰子點數的理解和遊玩的策略是甚麼等，都是既有趣又有效的訓練。

可由抗拒變成喜歡數學

子女學習時必須放手讓他們自己嘗試解決問題，父母隨後再展示多個「解題」方案，久而久之，孩子自然會明白原來運算方式有那麼多種，而貌似複雜的問題，其實亦能拆解成幾個小問題，逐一解決。

上述的方法看似普通，卻能一步步培養孩子的數感，更能潛移默化地影響他們對數學的想法，令他們由對數學陌生甚或反感，變成「數學並非遙不可及」、「解題往往不止一種方法」、「我願意去尋找另一個解題方式」。這些也是能讓孩子終身受用的重要態度呢！

透過手工活動，增強孩子的數學概念。

3.2 如何提升綜合學習能力？
三步培養閱讀好習慣

不少父母希望子女的學業成績有所進步，將來考公開試、考大學，甚至投身社會時的工作能力會比別人強。要達至這種技能，就需要從小培養子女的綜合學習能力。為甚麼有些小朋友在小學時成績不錯，但隨着年齡長大，雖然已經很努力，但成績卻越來越退步？這與父母如何培育子女的綜合學習能力有着莫大的關係。

訓練的方法有很多種，讓我跟大家分享如何透過閱讀，並於日常生活中訓練思考、分析及觀察力等，以提升綜合學習能力，更與大家分享如何培養出子女閱讀習慣的小技巧，幫助子女達至更全面的發展。

憑着多年來的專業工作及培育孩子的經驗，我認為培養綜合學習能力沒有一條黃金方程式，反而有一個非常重要的方向，就是「眼觀四處，耳聽八方」。意思是父母不應過分着重眼前成績，而是讓孩子擁抱世界，涉獵各種範

疇，包括文化、科學、新知、地理、政治、經濟等。

引發子女思考

在繁忙的生活中，父母和子女怎樣可以在有限的金錢、環境、時間和空間達到目的？其中一個方法就是透過多閱讀。從孩子們小學開始，我與丈夫就一直有訂閱報章，讓明詩和明山自小培養閱讀報章的習慣，就這樣奠定了他們的語文能力及綜合學習能力。

多讀報可增加對社會的了解，我會把報紙放在家中隨處可見的位置，例如：餐桌、沙發等，讓子女可隨手拿起來閱讀。光是閱讀還不足夠，我會和他們一起討論內容，例如，某個國家正發生戰爭，是甚麼原因呢？是與非是一面倒嗎？這樣的討論，可以刺激思考，他們便會有興趣了解更多，更製造了不少歡樂的親子溝通時間！

加強訓練分析能力

再者，讀報的另一好處，就是它的內容天天更新，提供讀者最新的資訊，加上坊間亦有報刊推出針對中小學生的校園報章，這些豐富有趣的課外閱讀物便是很好的教材。記得明詩唸小學常識科時，每次考試都會有些「課

外知識題」，其他父母會為孩子自製教材，而我則鼓勵她自行每天閱讀報章，了解世界大事，幾乎每次考試的「課外知識題」，明詩都能答對的！

閱讀報章不單能提升子女的語文能力及知識量，更重要的是可以訓練分析、批判及組織的能力，使他們升上中學後，能應付分析能力需求較強的學科，例如通識科、理科和歷史科等。

如何進一步啟發子女思考力？

培養綜合學習能力中亦有相當重要的一環，就是父母要參與其中，不是只讓子女自行讀了報章、雜誌就當作完成，而是盡可能跟他們進行深入討論，不用為他們提供模範答案，反而是以反問方法引導他們思考。例如，我會跟明詩及明山一起討論某項政策的利弊，我會先問他們：「這政策對你的生活有甚麼影響呢？」、「你覺得有甚麼改善空間呢？」希望引導他們由自身出發，進行分析，從生活中訓練他們的思考能力，這樣的做法比做一百條操練題來得更有效！

鼓勵觀察十分重要

父母亦可借此課題提升他們對身邊人事物的觀察力。我亦會請子女分享政策對他們的朋友、老師甚或鄰居、樓下小店的店主等，造成了甚麼樣的改變？是好的還是壞的改變？透過於日常生活中為子女提供訓練分析、思考、觀察力等的機會，明詩明山的廣泛閱讀能力及綜合分析能力亦較他們的同學為高。所以，無論成績和大學面試，以至長大後應徵，與不同背景的人士溝通等，都能揮灑自如。我一向強調，只要父母採用的方法得宜，育兒路上必能事半功倍。訓練孩子不一定要像打仗般嚴陣以待，又或只靠長時間操練子女的學業，令父母及子女都身心俱疲。這是我作為雙職母親的竅門，既應付繁忙的工作，亦可兼負培育孩子學習的重任。

三步培育子女良好閱讀習慣

當然，讀報以外，對於培養子女的閱讀習慣，坊間的選擇可謂包羅萬有。我希望與父母們分享以下三個小技巧，以幫助大家為子女計劃優質而愉快的閱讀時光。

第一步：盡量安排親子共讀的時間

在子女年幼時，我和丈夫會盡量安排親子共讀時間。小朋友很簡單，他們喜歡和爸媽一起玩，期間亦會模仿父母的舉動。如果希望小朋友愛上閱讀，父母最好先主動參與其中。在小朋友面前，就要當一個表演者，運用生動有趣的說話技巧引起小朋友的注意，令他們願意聽你所說的故事。在這個階段，不用太執着小朋友能認識多少個字，而是他們對故事有沒有興趣。

第二步：用無字天書引起閱讀興趣

明詩最早接觸的圖書是「無字天書」，即是一些只有圖片沒有文字的圖書或圖卡。一來當時她年紀尚幼，認字能力比較弱。如果一開始就要看密密麻麻的文字，只會被嚇怕。二來無字天書可以刺激想像力，讓她自行聯想故事，訓練思考和想像力。事實上，當明詩唸小學時，即使她已經認得不少文字，但仍對「無字圖卡」的遊戲很雀躍。我相信當小朋友有創作故事的初心時，閱讀的種子其實已經萌芽了。

第三步：按小朋友年齡選擇合適圖書

　　父母為子女選擇合適的圖書很重要。如果太淺，他們會沒有興趣；如果太深奧，由於艱深難明，會更加沒有意欲閱讀。當明山明詩開始認字，我會循序漸進去給他們選書。我習慣選擇有不同級別的套裝書，每個級別也有不同的故事以教育各種品格的修養、學習技能、學術訓練等，每讀完一級就可以升級，很多孩子見到「升級」就會倍感興奮，除了增加成功感，更能引發出自發閱讀的動力呢！其實，閱讀跟其他品德或技能培養一樣，不是講求量，而是重質。只要內容合適又有趣，既可以培養子女閱讀的習慣，又可以增加歡樂的親子時間，一舉三得！

　　從今天起，希望你的子女都能建立廣泛閱讀各類書籍、報章、雜誌的習慣！

鼓勵孩子從小閱讀報章，以提升綜合學習能力。

3.3 興趣班是否太多？
補習班知多少

相信很多父母也有過這樣的迷思：「小朋友甚麼都有興趣嘗試，怎麼辦好？」選擇興趣班，最重要的當然是讓子女發掘真正的興趣，以下我將提出四大重點，希望可以為各位父母解開迷思。興趣以外，過於沉重的補習，亦會讓父母墮入一個惡性循環中，子女既厭惡讀書，父母亦疲於奔命。怎樣安排補習，才會對學習有幫助呢？

第一點：讓孩子先認識後選擇

說到要為子女選擇興趣班，首要考慮的，當然是子女究竟有甚麼興趣呢？很多父母知道要為子女培養多元興趣，但正確的做法並不是把他們塞進不同的小組中，而是在報名之前，讓子女嘗試不同的活動，例如踏單車、繪畫或游泳等。由一次性的工作坊或體驗日開始，讓子女可以在真正沒有壓力的環境下，自由探索，認識自己。除了

先帶他們多接觸不同的領域，也可以讓他們以觀眾的身份出席不同的表演活動，鼓勵子女增廣見聞，接受不同環境所帶來的啟發，從各種刺激中，找到自己真正的興趣。

興趣，是當你看到某樣事情覺得有趣，很想嘗試，又或者看見其他人成功，自己亦想成為這樣的典範。這樣的興趣才會引發出學習的動機。例如，**父母要妹妹像哥哥一樣去學習彈鋼琴，這樣的理由對小女兒來說**，其實根本沒法理解，她既無接觸過音樂，亦不知道樂器其實可以很多選擇，只知道自己被迫跟隨哥哥的足跡，試問又怎能夠發掘當中的樂趣呢？但如果父母從小帶她出席哥哥的演奏會，在遇到街頭表演時會鼓勵她欣賞，她就會明白原來音樂有多種表現形式，樂器原來也有這樣多種！如果她真的對音樂有興趣，自然會向你提出參加興趣班的意願。

第二點：鼓勵孩子主動搜集興趣班資料

如果孩子對課外活動有興趣，父母可鼓勵他們主動搜集資料，讓他們親自了解課程。例如，明詩小學五年級時想學跳舞，我答應交學費，但要由她去找資料，如想學甚麼舞蹈、決定上課地點等。她透過看報紙和詢問同學意見，最終選定了合適的學校。在過程中，明詩一手包辦

所有報名事宜，還能訓練獨立性呢！讓子女主動搜集資料的好處，是令他們更能了解那些興趣班的內容，引導他們找到自己真正的興趣，讓他們更懂得珍惜自己挑選的興趣班。

第三點：助孩子拿捏時間管理

子女選擇了興趣班後，建議父母用約半年至一年時間，讓子女嘗試一至兩樣課外活動。當他們真正感興趣時，才深入學習也不遲呢！父母亦可從旁觀察子女的真正潛質及性格特質，方便日後更適切地擬定選擇興趣班的方針。父母要留意，時間管理與興趣班的多或少至關重要，所以父母要控制好興趣班的數量。

第四點：留意孩子的情緒和能力

很多父母讓子女參與課外活動時，會定下很多目標，例如要培養技能參加比賽。我反而相信，孩子輕鬆學習才是最重要。所以我對子女的要求不會過高，也不會讓他們超出能力負荷。例如，明詩參加泳班時，我考慮到當時她的成績屬於中等，因此放棄了有大量的游泳訓練時間的泳隊，避免明詩太勞累。父母亦要多注意子女情緒，從中判斷孩子是否有足夠的休息。

孩子應否補習？

　　興趣班以外，很多父母亦想知道應否為子女安排補習班。第一，當然要視乎補習老師的質素，特別是年幼的子女。若補習老師的質素欠佳，過多的補習會令子女的自主性降低，會容易令子女產生倚賴感。試想想，子女每天放學仍有補習老師督促功課，又怎會學懂自主自覺？過量的補習，只會令子女過於疲勞，對自律、學習興趣或綜合能力等並沒太大幫助。然而，很多父母為了追趕學習進度，於是非常機械化地安排子女早上返學，放學又立即去補習。我認為，與其天天補習，父母應該把補習的重點，放於子女真正需要補足的弱點上，而非以為只要為子女報讀補習班，就是盡了為他們學業應「負」的責任。

如何適當安排補習班？

　　子女在學科上有積弱，除非父母自己可以擔當補習老師，否則安排補習既可為子女打好基礎，又可重新建立自信。譬如當子女來到高中要準備公開試，安排一個質素好的本科老師補習，可以幫助他們應對公開試及改善答題技巧等，都頗為有效。明山和明詩高中時都有找補習老師，助他們於稍弱的學科迎頭趕上。

父母免墜入惡性循環之中

　　說到底，父母亦應盡量避免為孩子施加過多學習的壓力。父母必須留意子女的日程及作息，明詩與明山小時候，我十分着重他們於溫習，做功課，一家人聊天，運動及自由遊戲的時間是否平衡，不會讓一邊嚴重傾斜。不少父母會墜入了一個惡性循環中：因為子女成績不好，所以補習愈多，要花於溫習的時間也隨之增多，子女卻愈來愈抗拒學習，挫敗感更大，遑論自主自覺學習。這時，父母應該重新審視整個教育方針，先由平衡日程做起。作為專業治療師，我深深明白心理是如何影響一件事情的成敗，培養子女學習的興趣也一樣，喜歡就自然做得好，這條永遠不變的教育法則，大家一定要謹記！

能看到子女常懷歡笑是父母心願，也是一切家庭教育的前提。

3.4 提升雙語能力
着重培育組織力 有助所有學習

良好的中英語文基礎，除了有助孩子在學業上更容易取得佳績，亦是學習的重要動力，如果子女的語文能力低，對於理解知識就會有很大的挫敗感。很多父母都想知道，我是如何為明山和明詩培養英文語文能力的，其實除了一些比較實用的方式外，合適的學習方法，以及培養自主學習及組織的能力，亦至為重要。

在香港學習英文最大的困難是缺乏語境。除非子女就讀國際學校，又或家中有以英文為母語的家庭成員，不然我們大部分的生活場景，都以中文為主。很多父母會問，要為子女營造良好英語環境，是否需要參加大量的英文訓練班？適當而合理的訓練固然是好，但我會建議父母於報名之前，必須先做好資料搜集，清楚了解該訓練班及導師的質素。

營造良好英語環境

無可否認，對提升子女的英語能力來說，母語為英語（Native speaker）的老師無疑是事半功倍，不過還是有很多其他方法的。雖然我和丈夫的英文書寫能力不算太差，但英文口語能力較弱。因為不想明山和明詩學到我們不純正的口音，我們主要選擇外國本土口音（Native speaker accent）的各種英語媒體在家中播放，營造英語環境。他們年幼時，所用的媒體主要是適齡的 MP4 或 CD，後來隨着年紀增長也會採用外語影片。

至於為子女報讀特定的訓練班甚或「雞精班」，以我自己為例，我比較喜歡內容有趣、主張活動或遊戲教學，並鼓勵學生與導師雙向溝通的環境，這樣我才會考慮是否讓子女參加。這可以是語文或興趣班、體驗日，甚至一些假期營等。

其實無論甚麼訓練班，最後也是視乎辦學機構的課堂內容及沿用的教學手法是否適合子女，例如，以遊戲為主的訓練班，能提高孩子的接收能力，令他們不會怕了英文而對學習語言卻步。

讓孩子主動學習

　　由於我和丈夫一直都是全職工作，早出晚歸，沒有太多時間陪伴子女。所以，我便買了一些配有 CD 的套裝英文書，讓他們習慣自主學習，效果很好。還記得當年讀幼稚園及初小時，他們年紀小小便自己拿着英文書，一邊聽 CD，一邊看書。久而久之，他們在其他學習方面都愈發主動！對於高小和中學生，我鼓勵父母多讓子女閱讀報章雜誌，既可加強語文訓練，又可培養閱讀興趣。新冠肺炎疫情下，不少面授課堂都改為網上學習。孩子們更要具備自主學習能力，並習慣使用不同的電子媒體學習。這樣才能更容易適應日新月異的學習模式，與時並進！

活動教學 遊戲學習

　　父母必須明白，每個孩子的性格都是獨一無二，具有不同的個人特色。有些孩子非常喜歡閱讀或寫作，遇上深愛的圖書就會書不離手；亦有孩子喜歡周圍探索，對世界充滿好奇心。雖然說要訓練英語能力，閱讀英文書籍是最直接有效的方法，但父母亦要學會因材施教，因應子女的性格及長處予以合適的教學方法，要是遇上子女比較活躍，喜歡動手作的，父母可以透過有趣的活動來

教育子女。以學習英語為例,與其命令好動的子女乖乖坐着看書,不如帶他們出去行山徑、海灘、郊野公園等,利用大自然的事物教導他們學習英文生字。

父母不妨多留意子女於學校的教學進度,鼓勵孩子隨身攜帶一些配合課堂內容的圖畫生字卡,例如學校正教授植物或食物的英文名稱,可使用準備好的相關圖卡,一邊在公園野餐,一邊利用環境學習認字,讓他們明白原來學習可以這麼有趣!又例如,父母可以帶子女到科學館參觀,不只可以學習英文,亦可以進行一個小小的跨學科課堂呢!

這樣的活動教學,父母不用只限於學習一種語文,其實中英文皆可,同時亦可訓練子女的觀察、分析及想像力,說不定子女還可以反過來教育父母新的事物呢!學習的重點,在於向子女提供一個合適的方法之餘,亦讓他們自由發揮,放手讓他們主動發掘,而非只有「坐定定」讀書,才可以加強學習效果的。

培養自主性及執行能力

組織能力對於孩子的成長亦相當重要,當中包括時間及資源控制等。父母可以安排一個星期天,放手讓孩

子自己設計當天的活動時間表，由他去為一家人安排一個小小的家庭日！由何時出發，午餐吃甚麼，到晚上何時回家，父母只需從旁協助，輕鬆給予意見，既可以親子樂，又可訓練子女組織的能力。

所以，父母要明白學習其實不只是會自己溫書這麼簡單，而是一個孩子，有自信去主動學習。如果凡事都為他們計劃及分配，就會抹煞了子女主動計劃及實踐的機會，無論是語文學習，還是品性培養，亦是同一道理的！

我鼓勵明詩參與不同學習模式的活動。

3.5 選校的迷思
名校並非成功的入場券

> 為孩子挑選合適的學校，絕對是父母的一大挑戰！
> 明詩與明山在學業上總算有少許「成就」，於是很多
> 父母向我請教選擇學校的心得。由於我的兩名子女
> 曾就讀不同類型的學校，亦曾在外國及本地接受教
> 育，我觀察到不同的學校和學制各有千秋。不過，
> 無論就讀甚麼學校或在甚麼學制下，如果父母沒法
> 引起子女的學習興趣，又或只把成績看得比甚麼都
> 重要，對子女的學習質素及動力，卻難以有事半功
> 倍的效果。

　　由於我們一家是從澳洲回流香港，所以當年明山只
讀了一年幼稚園就升上了小一。於小學階段，他的確有
點跟不上香港的中文程度；經過六年努力，他畢業於沙
田區的一間津貼小學，因為成績不錯，於是跨區考進另一
所當時還是津貼學校的「名校」中學。可是，他的會考成
績未如理想，於是又轉去了一所地區津貼中學，最後於中

七應考高考，循聯招（JUPAS）考進中大醫學院。明詩則是在我家附近的一所幼稚園畢業，小學就讀一所私立小學，之後一條龍升讀原校中學部，都是循傳統途徑。當年應考會考，考得十優成績，之後考進英國一所私立寄宿高中，循傳統英國大學入學試，考進劍橋大學。畢業後，他倆都在香港工作，直到現在。

「非名校」亦有優質教育

很多父母希望一擊即中，小一就考進「名校」。又或考入一些一條龍的學校，希望孩子將來不需考小六呈分試。我反而認為，孩子年幼時，應該輕輕鬆鬆，從遊戲中學習，好好激發腦部生長。所以，讓孩子於小六才考呈分試，勝於讓他們小小年紀就去讀小一面試班。甚至有父母不僅要求他們成功通過呈分試，還要他們再考另一間更好的學校！其實，父母只要能放鬆心情面對子女小五、六的考試，視之為為孩子做好公開試的準備機會，這更能讓他們從容面對將來的文憑試，適應隨之而來的壓力！

這幾年我經常被邀請到不同的學校分享專題講座，我發現有很多「非名校」的校長和老師，其實都富有熱誠、抱負和使命感，絕對有能力提供極為優質的教育，經

過了解，作為父母的我亦會放心讓孩子在這些學校讀書。

名牌中學非成功保證

　　所謂英雄莫問出處，後來明詩亦跟我分享，她在劍橋的香港學生圈子中，也有好些是畢業於地區津貼學校的。這足以證明，名牌中學並非優秀學府的入場券，當中沒有必然的保證。但是，如果可以適當地引導孩子喜愛讀書，建立自信，擁有良好品格和情緒，培養自學能力，堅強面對挫折，即使是地區學校，他日亦定能展翅高飛，有美好的前程及快樂的人生！

成績不等於一切

　　當然，很多父母認為今時今日，又怎能不為子女的成績緊張呢？我作為過來人當然明白箇中矛盾，一方面擔憂孩子成績不佳會影響前途，另一方面又害怕給孩子帶來無形壓力。面對一張成績表，父母除了要謹記多鼓勵子女外，還可以怎樣調整自己的心態呢？

　　我建議，不如父母先靜下心來，回想過往子女升中小學時的心情是如何的？是否很擔心子女的教育環境？他們會不會無法應付學業？再看看現在，你所擔憂的問

題，是否真的有這麼嚴重呢？日子不也是一天一天過去了嗎？所謂成績，真的不可能完全主導孩子一生。父母要真正相信這事兒，孩子才會有同樣的醒悟，知道有長遠目標，比一紙成績單更重要，這才不會給自己過大的壓力。

家庭教育是關鍵

無可否認，學校對孩子有一定的教化作用。不過，歸根究柢，家庭教育更形重要，父母要培養孩子建立抗逆力、創造力、自主學習力、獨立思考等，以上各種的能力是需要一步步去建立。每次子女遇到挑戰時，父母給予恰當的建議和鼓勵，會令到他們懂得面對成敗。

培育方式及學校影響

我多年來從事治療師工作，參考研究是我的日常工作之一。很多研究發現，子女的品格主要受三方面影響，第一是榜樣，就家庭層面而言，父母作為子女的「Significant others」，所謂榜樣，就是身教。

第二方面，則是父母的培育方式，例如，主張過分介入還是放手？又或是有合理規範，還是過分不干預而變

得縱容？第三方面，才輪到學校的影響。所以，有些父母或會把培養子女的責任放在老師或學校身上，這樣是不對的。學校所能發揮的功能，主要在於品格的概念教育和朋輩的影響，對品格的培育是絕對比不上父母的身教呢！

有夢想更重要

想培養子女的自學動機，又不想施加太大壓力，父母不妨和子女談談夢想。夢想可使人獲得正能量，願意為這個目標奮鬥下去。對於明詩的夢想和目標，我和丈夫都抱支持的態度，不論是會考十優後放棄拔尖報考劍橋，或是畢業後放棄原本優厚條件的工作機會去參選港姐，當選港姐後進入演藝圈，甚至從電視台轉職至顧問公司的工作等。每個選擇，不見得人人都會認同，但都是明詩為自己作出的抉擇，每次她都會努力做到最好。作為父母，我們的角色是適時提供意見，放手讓她出去認識世界，提供無限的正能量。

試想想，如果每次子女與父母傾訴夢想時，父母都傾向不支持，甚至否定的話，孩子最終會難有定位，方向模糊甚或變得懶散。為人父母，如何做到不過分緊張子

女的成績？就是要相信無論怎樣，子女都有能力走出更好的路，成就自己的夢想！

我和丈夫都支持明詩當年出國留學，認識世界。

3.6 子女讀書逼不來
感受讀書意義乃妙法

十五年免費教育的制度下，香港有不少孩子不懂珍惜上學的寶貴機會。因為不珍惜，就容易受到誘惑，對學業產生厭倦感，抗拒讀書或考試。很多父母也希望知道怎樣可以使子女積極學習。我認為提升他們對學習的興趣自然是首要，但更重要的是令子女懂得珍惜學習機會，找到讀書的意義，才是令他們誘發學習興趣的基本步。

讀書是個自我追尋的過程

我聽過不少年青人跟我分享：「我不知讀書是為了甚麼！」其實，在子女的學習路上，如果父母可以令孩子明白讀書不是沒有意義，也不是一個盲目的目標，而是一個自我追尋和實現的過程，那麼子女才能夠理解讀書的真諦，日後面對讀書的壓力時，可以奮力向前。做父母的，應該設法令子女明白為何要珍惜讀書的機會。

父母以實例引發好奇心

要讓子女看到或明白讀書的用處，父母可以於閒時與他們一起觀賞不同的紀錄片、閱讀書籍或雜誌。這些媒體都包含了大量非常生動有趣的內容，例如文化、社會、科學、動物，甚或食物與旅遊等的主題都包羅萬有，一點也不沉悶！從中除了可以營造優質的親子時間，父母亦可為孩子講解當中的專家如何幫助社會，引起他們對學識領域的好奇心。

就我自己而言，作為一個治療師，大部分人也以為我的學術培訓只有成千上萬篇論文，內容刻板沉悶。也許有一部分是真實的，哈哈！但其實我當中所學到的，是了解到人類是何等奇妙的生物。每一顆心，每一個生命都是一個奇蹟。我們的心靈，是上天給予我們最好的禮物！我早前亦有分享過，我會不時跟明詩與明山分享我治癒孩子的工作，除了令子女增廣見聞外，亦明白到原來辛苦學習是饒有意義。

親身感受教育的意義

我多舉一個例子，近年新冠病情影響全球，期間各方的科學家、醫生不斷進行研究，希望盡快研製疫苗及

新藥,讓本來會因病離世的人獲得康復或者延續生命的機會。父母應從這些生活實例中讓子女明白,能夠為人類謀福祉都是由接受教育開始,透過親身感受,子女才可看出教育的意義,才明白自己為何要讀書。

說來感慨,當香港有很多父母費盡心思為孩子爭取考進一年超過十多萬元學費的名校,而孩子卻不懂珍惜!同時間在地球的另一邊,其實有不少孩子連上學的機會也沒有。如希望令子女更珍惜學習,家長可以參考以下的一些方法:

方法一:增加子女體驗

父母可把參加五星級旅行團的時間和金錢,留來為子女安排參加一些探訪第三世界國家的交流團、教會短宣,又或一些非牟利機構所舉辦的義工外展服務等。看看很多連三餐溫飽及讀書的機會也沒有的孩子,從中領略自己原來有條件追求知識,不是唾手可得的。透過這些體驗,讓子女改變他們對學習的態度。

方法二:多展示新的發明

父母可以多收集一些日新月異的發明及相關資料,

輕鬆與子女分享，從中引導他們突破既有的思想領域或空間，體會到知識怎樣可以改變自己，以及人類的命運。

方法三：檢視自己的「小成就」

父母可以鼓勵子女回顧他們年少時的能力，讓他們看見自己的進步，適當的時候可以加以讚賞。例如，他們兩歲時甚麼單字都不懂，現在卻已能閱讀文章、書寫句子等。讓子女體會到以往的教育為自己帶來甚麼好的改變，從而領悟教育的重要性，必須認真面對學習的機會。

父母們，不要只顧強迫子女讀書，要讓他們明白讀書的意義，找到學習的理由，孩子才會積極向學，繼而培養出使命感，珍惜讀書機會的心態就會油然而生！

明詩曾參與一項跨國單車慈善活動，為柬埔寨一所鄉村學校擴建籌款。讓更多孩子有機會上學。

3.7 如何建立自學能力？ 與抗逆能力有何關係？

> 子女能夠自覺學習，對知識有強烈的追求或好奇心，背後其實不單只是自律的能力，又或是來自父母的規範，因為自學能力是強迫不出來的。父母必先學會放手，培養子女的獨立能力，當自學動力並不是來自壓力時，子女自然會找到自己學習的樂趣。另外，父母亦不能忽略培育他們的抗逆力，兩者相輔相成。

在新冠肺炎疫情的影響下，學校都被迫把課堂學習改為網課進行。為此很多父母都懊惱不已！作為全職父母，我也深深理解大家的煩惱。不過，只要運用得宜，這段非常時期其實是培養自學能力的寶貴機會！不僅子女，疫情期間父母亦要實行在家工作，與子女長時間同時待在家中，父母們如何處理他們的網上學習，自然影響孩子的學習態度。如果父母長時間縱容，孩子自然習慣依賴，凡事得過且過，變得懶散。

疫情下的自學能力

網上教學的挑戰在於子女失去了規律的學校生活，在家溫習功課等的日程及作息時間變得不常規，學習與私人時間都相互混雜在一起，對他們來說，日常規律亦難免變得模糊。例如，學校一般是上 3 至 4 堂後便小息，午膳限於約一小時，課外活動通常是於放學後才進行；在家學習的話，子女可以隨意走動，完成了網課就立即去玩耍，欠缺學習氛圍。所以，確認網上學習的首要方向和目標，就是培養子女的自學能力。

放手培養自學能力

我一向都着重自學能力的培養，這也是為何我一直都是雙職母親，一面兼顧工作，而另一方面亦可以輕鬆兼顧培育子女的竅門。自學能力源於成功感。試想一下，如果子女要完全依賴父母才能完成網課或功課，他們怎可能建立成功感呢？成功感是當發覺自己能完成一件事情，尤其是首次成功時，所產生的一種良好感覺，亦是勇往向前的動力！

培養自學能力的首要重點，是父母一定要懂得放手，

不能次次都介入或幫助，必須鼓勵子女獨自完成各種事情。然而，很多家長卻告訴我：「他們根本做不到！」其實不然，讓我在這為大家分享一些小小心得。

自學能力的建立：訂立「每天小目標」

父母不妨視乎子女的能力，鼓勵他們每天訂下一個小目標，例如，讓 7 歲的孩子在 5 分鐘內摺好一至兩件自己的衣物；又或讓他於 20 分鐘內完成一條數學題。要注意的是，說了 5 分鐘就是 5 分鐘，不能食言。若他能完成，就讚賞他的成功，並鼓勵他明天嘗試 10 分鐘、30 分鐘的小任務，每天挑戰多一些！其實，明詩自小對讀書都沒有太大信心，成績亦只是中游，能夠從一個小學時被同學輕視的女孩，慢慢變成不斷挑戰自己的人，都是一小步一小步建立起來的。

「自學能力」與「面對逆境能力」的關係

所以，父母們必須下定決心，培養子女的自學能力。這將會幫助他們成為一個自己能夠面對困難，而且迎難而上的成功者。不難想像，自學能力亦跟建立自信心息息相關，因為建立自學能力的基本元素，就是必須相信自

己能克服困難。不論甚麼年齡的學生，要培養出自學能力，就必先要有面對逆境的能力。當中有三個關鍵重點。

第一點：克服困難

孩子要把一個不懂的「學問」，由理解開始，進行分析、推理、運算，還要犧牲玩樂的時間去鑽研，向老師或長輩請教，最後才能夠融會貫通，把知識真正的「袋入袋」。知識就像高山，只有靠着克服重重「難關」，才能達至頂峰。

第二點：永不放棄

要克服這些學習困難，就要有鍥而不捨的精神。一種不斷努力而不放棄，直至成功的勇氣，這不就是逆抗的能力嗎？孩子們要不斷累積克服困難的「小成功」，才能夠創造他日長大後的「大成就」！

第三點：永不言敗

自學跟抗逆力一樣，都需要勇氣，而勇氣來自於自信。記得曾有記者訪問明詩，提及有關於媽媽培育她的方式。她回答說：「我的積極，某程度上是來自不怕失敗

的性格。」不怕失敗，才能有自信重新出發。父母們必須
先有這些遠見，訂立長遠育兒的方向，才能夠達至「怎樣
令孩子自己做功課」這樣的短期目標。

　　從事職業治療師的工作，令我經常輔導父母如何培
育孩子的專注力、創造力等各種學習的基本能力。然而
我每次在學校或機構主持講座分享時，都會離不開探討
「如何提升孩子面對逆境不怕困難的能力」。因為這些性
格素質奠定每個孩子能否建立各種主要能力，包括專注
力、創造力，及其他看來不相關的關鍵因素。長遠一些，
子女能否克服學習、成長，以至將來的事業、婚姻等的
各種困難，也與此有關。

我們從小培養明山的自學能力。

孩子的管教

4.1 為甚麼子女不聽話？
應對子女一言九「頂」

媽媽羣組內「湊仔經」的主題下，經常出現：不服從和唱反調。在和小朋友的拉鋸戰中，父母常常會不經意說出「你再這樣，下次我就那樣」。然後並不意外地，下次又會上演同一齣不聽話的戲碼。其實問題出在哪裏呢？原來亦是離不開父母的管教方法出現問題。父母要為孩子定好合理規範，堅持原則，然後亦要為子女進行情緒教育，雙管齊下，孩子的反叛問題自然就會得到改善。

父母堅持定下的底線

很多父母也認為，他們已經很尊重孩子的意願，盡量滿足他們的慾望，那為甚麼子女仍不守信用，還要鬧情緒呢？當父母質疑孩子不斷挑戰大家底線時，不妨問一問自己，會不會是因為父母沒有堅守由自己定下的底線呢？

我舉一個大家都熟悉的例子，「媽咪，我仲想玩呀，唔想返屋企呀，玩多一陣啦！」家長回應「好啦，玩多十分鐘就要走啦。」到了約定時間後，孩子仍不願離開，再次撒嬌，媽媽一時心軟，又答允讓他繼續玩耍。到天黑時，孩子又想繼續玩耍下去，可是媽媽已沒有耐性，孩子開始哭鬧，媽媽便生氣大罵孩子。

父母切忌隨便説説

上述的例子有甚麼啟示呢？就是這位媽媽所說的話，從來沒有成真。孩子透過觀察和多次嘗試，發現父母原來只是「隨便說說」，自然不再當一回事。父母當初定下的所謂底線或規則變得蕩然無存，更會有負面的影響，例如，輕則孩子不再服從；重則他們無法再信賴父母，演變成「習慣性唔聽話」。

説得出要做得到

因此，我的管教原則是「說得出要做得到」，特別是協定好的規範。但是，規範要合理也不可以太嚴苛，要設定於孩子能做到的範圍內。有些父母會煩惱不知道怎樣管教孩子，以為非用處罰方法不可，其實只要嚴格執行規

則即可，孩子碰釘碰多了，便不會再挑戰底線，未必需要去到處罰這一步，而是**透過設定界線，使子女學習社會規範**，這對他們將來適應社會甚有裨益。如果孩子沒有學會規範，長大後可能無法適應社會。

不會打罵 只堅持執行

怎樣不用處罰而能夠做到「管教」？舉個實例，明山及明詩年幼時，我會要求他們一定要坐在飯桌上吃飯，吃飯時不能隨便走來走去。如果他們不服從，我不會打罵，但會堅持把他們抱回座位。我不用去想怎樣處罰，只需要成功抵擋他們發嬌嗔或是鬧彆扭，好好重複執行家規。久而久之，子女便會清楚父母的原則，乖乖坐好吃飯了。

其實，無論子女甚麼年齡，有關於管教的說話，父母要認真執行、子女才會認真聽。然而，當子女開始長大後，父母的煩惱轉而變成要面對一言九「頂」的局面。不少父母都生氣又沮喪，不知道如何管教。

父母不能放任自流

心理學家 Erik Erikson 提出著名的人格發展論，指出從一歲半，孩子開始發展自我概念時，是第一個反抗期的

出現。「一方面父母必須承擔起控制兒童行為使之符合社會規範的任務，即養成良好的習慣，如訓練兒童大小便、按時吃飯、節約零食等；另一方面兒童開始有了自主感，他們堅持自己的進食、排泄方式，所以訓練良好的習慣，不是一件容易的事。這時孩子會反覆用『不』來反抗。父母決不能聽之任之、放任自流，這將不利於兒童的社會化」。

所以孩子「駁嘴」，是必經的發展歷程，而不是孩子特別不聽話。但父母需要小心管理他們的行為，以免子女將來難於管教。嚴重者，更可變成反社會行為等，影響嚴重及深遠。

面對反叛，我認為父母需要專注實施情緒教育。孩子有想法本來是好事，只是他們不懂得禮貌地表達。父母應引導孩子用有禮的方式，令人願意聆聽。隨着子女漸漸長大，父母漸漸要減退權威的方式回應，用冷靜有愛的方式去溝通，才是有效的身教。

由權威退後變朋友

管教的方式要因應不同階段而調整。例如，小學生的分析能力未發展成熟，亦不想他們年少時變得太自我

而藐視勸告，有需要時，我傾向用較有權威的方式回應。但面對高中生，就要用近似朋友的溝通方式。至於面對大學生和成年子女，父母就更要用觀人於微的技巧，只在適時和環境配合下，才發表自己的意見。

不過，無論在子女成長的任何階段，父母都應清楚表明自己的立場，不容許子女用無禮的方式來「駁嘴」。因為這也會影響到他們將來怎樣待人處事，影響情緒和溝通的技巧。到了今天，我的孩子已長大成人，我這立場仍然不變！他們亦甚少無禮，我們依舊保持良好的溝通。

掌握正向教養方法

孩子反抗，是每對父母的必經經歷，只要掌握正向的教養方式，拿捏「自主與管教的藝術」，父母既可省下怒氣，更能培養出既有獨立思考亦有禮貌的子女！如希望引導子女有好的情緒管理，父母首先不可以先行激動，反而是要沉着氣去處理家中的大小問題！

其實，要令子女信服，父母憑的是一個堅定信念和合宜的言辭，而非事事責罵，又或自己首先情緒受到波動。例如當子女頑皮，父母激動叫罵：「不要再做了！」其實

自己亦已受到情緒影響，反而受子女行為的控制。面對孩子不聽話，父母應該用堅定的言語，無論子女如何反駁，既不會怒火中燒，亦不受動搖，理性解決。父母是孩子最好的身教，久而久之，孩子從父母身上學會處理問題要理性冷靜，堅持原則，這就是最好的情緒教育了！

明詩與明山都甚少無禮，我們依舊保持良好溝通。

4.2 認清逃避功課的原因
如何戒掉「拖延症」？

在學習的旅途上，做功課是每一個學生最基本的要求。可是有些孩子就是經常不願意做功課，三催四請也是沒法令他們乖乖地完成習作，令父母相當生氣。做功課與自主學習相輔相乘，子女若凡事主動積極，在學習方面自然事半功倍。如何可以讓子女自動自覺？其實，要改善問題，首要是找出原因，父母才可對症下藥。

原因一：不懂做，所以不願做

有時候，孩子未必故意不做功課，而是因為功課對於他來說實在太難了，所以無從入手。父母除了要鼓勵他們向老師和同學查問外，亦可提供適當的自學工具和資源，讓孩子學會自己找尋答案。例如，明詩小學時，我會給她買字典、辭典、兒童百科全書、作文範例等，引導她找出功課所需的資料。父母切忌過多的幫助，只可

從旁引導，否則會養成他們倚賴的性格，凡事依賴父母為他們解決。

原因二：子女缺乏責任感

當一個孩子沒有責任感，往往出於父母過分介入。說白點，就是家長比孩子更加着急，每每都會出手去迫使孩子完成功課。久而久之，子女的自主學習動力就會愈來愈低。因此，父母必須減少陪子女做功課的次數。我從來不會陪伴明山和明詩做功課，也不會替他們檢查功課，藉此令他們明白，做功課是他們作為學生要負的責任，即使欠交亦應獨自承擔後果。

原因三：對功課沒有興趣，缺乏動力

有些功課的形式，確實較為枯燥，例如抄寫句子、背默等。不過，如果你能讓孩子發掘到不同字詞背後的典故，事情便會瞬間有趣起來。父母需要挑起孩子學習的熱情，培養他們對世界的好奇心，自然會主動追求知識。明詩求學時期，我常常和她就不同話題聊到天南地北，例如簡單一張世界地圖和一個地球儀，便能引導她好好研究歷史和地理了。

令子女自動自覺學習的方法

　　主動做功課，其實與自主學習息息相關，一位友人跟我分享，說子女有嚴重「拖延症」，每每吩咐他做事情就會拖拖拉拉，問我如何是好？如果不希望孩子凡事拖延，必先培養其自主學習的能力，父母能從三方面入手。

第一點：建立具體的時間觀

　　「等一陣啦」、「轉頭啦」、「等等」，絕對是會令父母火冒三丈的關鍵詞。子女的「一陣」，可能是打多一次電玩、看多一齣電視劇。不過，父母的「一陣」，其實是幾分鐘，然而，孩子卻不覺得自己有問題。因此，要令孩子減少拖延，就要建立具體的時間觀。父母可要求子女交代明確的時間，例如 10 分鐘後要開始做功課，而非只說「一陣」就推搪過去。

　　明詩讀幼稚園時，功課做得很慢，於是我買了個計時器並教她自己設定時限，於響鬧前就完成。後來，她竟然進步至 10 分鐘內做完一份功課呢！就是這樣她更建立了對做功課的成功感。當孩子有了時間觀念，就會明白何謂太久或太遲，或有個可跟從的目標，慢慢就能習慣準時完成。

第二點：一起檢視拖延原因

當子女「拖延」時，普遍父母會責備或講道理，而忽略了背後的原因。做得慢不一定代表偷懶，有可能是力有不逮，又或有些孩子希望事事做到最好，而無法踏出第一步。這個時候，父母如果只是指責子女沒有能力，只會更打擊自信。相反，要引導孩子找出拖延的原因，例如告訴追求完美的孩子，事情有瑕疵並不是大問題；教導自卑的孩子，可以把任務拆件，再一步步完成。檢視原因，比責怪是更為有效的。

第三點：令孩子保持好奇心

要長遠地令子女自動自覺完成任務，要培養他們對事情的好奇心，對學習產生興趣。這樣，他們才會對上學、做功課等感到興趣，因而有自發的推動力。

明山與明詩年紀尚小時，我常常帶他們到圖書館、動植物公園、博物館等，在遊玩的過程中，我會一步步引導子女探索更多知識。在學業上，我則傾向放手讓他們自學，避免出現依賴。我和丈夫沒有刻意要子女自動自覺，但他們在求知慾的驅使下，就能自發學習，完成功課，更會主動閱讀課外書。

各位父母，由今天開始，找出子女不願做功課的原因，加以改善，再逐步建立出子女的自學動機及能力吧！

年少的明詩在科學館內體驗科技活動。

4.3 想孩子自己做功課
必先培養「自我控制能力」

香港有很多父母都苦惱怎樣既可兼顧繁重的工作及
家務，又能肩負好好培育子女的責任。我的秘訣在
於，父母首先要培育子女們的「內在紀律性」。「內
在紀律性」指的是一個人控制自己的能力。這種能
力比「紀律性」更高層次，因為是對一個人的意志
鍛鍊，讓他透過學會自我控制，訓練堅韌的毅力，
子女自然會隨之建立出自律的品格。持之以恆，必
能成功，各位父母也試試吧！

　　光看外表可能有點難以置信，但明詩年幼時其實是
個很有「個性」的人，甚至帶點反叛。記得她十幾個月剛
學會走路時，我要拖着她走，她卻常常想甩開我的手。我
當下明白，這個女兒不喜歡被規範，所以更特別注意管
教，培養她的紀律性。

如何培養自主與紀律？

紀律性在兒童成長時期尤其重要，這關乎到子女將來是否有自我控制的能力。從學術的角度，自控力就是大腦「放送抑制基本慾望及情緒信息的機能」。而過度溺愛和遷就，會使子女的腦部沒有機會發展這種神經機能，所以父母要學會在愛與管教之間，取得平衡。

要加強子女的紀律性，其中一項重要的原則是不可以讓子女任意莽為。要注意的是，在放手任其發展與設下合理規範時，當中是有一條明確的界線。例如，我會讓明詩與明山吃飯時自行使用碗筷，即使一不小心把湯汁濺了出來，我們也不會責罵，而是教導他們正確的姿勢，放手讓他們慢慢再試，而不會立即改為餵他們進食。從年少開始，我們已規定吃飯時必須在餐桌進行，不能吃兩口就離開餐桌走去玩或者四處亂跑，透過這樣的規範，子女久而久之就能學會自律，遵守規矩，但同時我們亦有提供足夠的空間讓他們探索環境、主動學習。

從規範中學會自律

很多學校都嘗試進行網上教學，父母難免會擔心當

日子久了，子女們仍然會自律，用心學習嗎？我是如何訓練明山和明詩自律的呢？在他們約四歲的年紀，我會鼓勵他們坐在小椅子及桌子前玩玩具，以減少他們亂跑的機會。到了小學做功課時，要求他們坐在書桌，完成一項功課後才玩耍。

規範與鼓勵兼備

父母不妨視乎孩子的能力，來為他們訂下一些簡單指令。孩子當然會有不服從的時刻，我和丈夫不會打罵，只會重複指令：「要做完一項功課才可玩耍。」孩子的適應能力很高，重複幾次，他們就能慢慢建立規矩，自動於書枱上完成功課。一開始時，我建議父母不要訂立過多規範，一個個慢慢來，在鼓勵和監督下引導子女做到了，就給他們鼓勵和讚賞，這也是是建立內在紀律性的其中一種方法。除了訂立規範，父母還可以與子女一起建立目標，一起完成呢！另一方面，我們也會多鼓勵子女，例如：「你很棒喔，做得很好。」受到鼓勵後，他們更會更相信自己有能力達到要求，同時也會自律地完成父母指令。

父母指令要合理

當然，父母的指令也要合理，必須根據子女的年紀和能力而靈活變通。家庭是孩子學習紀律與自我控制的第一個地方，所以父母給孩子訂立規範是重要的第一步。

培養子女的自我控制能力，亦有助意志力的培養呢！如果子女遇到困難，亦要習慣盡力堅持下去，久而久之，他們的意志力漸漸變得強大。當中需要子女有一定程度的自控能力，控制身體、情緒及精神各方面的協調，才能不斷挑戰自我，將來便可以憑着意志面對困境，並相信終有一天會成功的！所以，我經常強調，子女品格需要整體培養，環環緊扣，父母們千萬不要忽略任何一方面呢！

明詩獨自完成日常功課。

* 部分內容節錄自《我的女兒麥明詩 —— 一張白紙到 10 優的培育經歷》。

4.4 小朋友頑皮怎麼辦？
建立簡單儀式助子女學習自律

這幾年來，我常常到中小學擔任講座講者，發現最令父母頭痛的，都是跟反叛有關的問題。不少父母更在發問時當場落淚，表示自己已經不能發揮父母的功能，不能對孩子循循善誘，因為孩子已不接受他們的勸告了。

我能體會反叛子女的父母是多麼痛心和無助，他們不知怎樣面對。其實，父母對子女從小就要施行管教，不是嚴懲，而是教他們學會守規矩及尊重別人。管教之外，建立儀式亦是相當有效的自律培育方法。

盡早給予規範和適當警戒

如果父母們發現自己的子女不懂得在適當的環境做適當的事，例如，在莊嚴的婚禮儀式上走來走去，有意無意的踩踏新娘的婚紗；在圖書館中大聲喧嘩等。那麼父

母就要留心了，必須盡早學習怎樣改善孩子的行為。父母如果能把握時機，盡早給予孩子適當的規範，就能讓孩子明白，社會上有一定的規條和別人有一定的期望，使孩子自小就有這種情緒智商的培育。

孩子不任意妄為及理解別人情緒

情緒智商（EQ）其中一個重要的元素，就是一個人能否辨識別人的情緒，從而作出適當反應。孩子不聽話、不乖乖吃飯、不願意睡覺、很遲才做功課等，自然令父母很惱怒，然而這些所謂「頑皮的小朋友」，其實就是未能審時度勢，只顧自己，隨意做自己想做的事，也不顧父母和別人的感受以及事情的後果。如果放任不管，久而久之就會變成習慣，孩子就會任意妄為、我行我素，變成一個很自我中心的成年人。

從小開始施行管教的重要性

我一直都知道這個問題的嚴重性，故此，由明山和明詩年幼開始，直至初中，我都很小心避免給他們過大的權力。而且，在我寫第一本書時，便在第一章寫了「自主與管教的藝術」一課，警惕家長從小適當地管教子女，是

培育孩子的重要基礎。父母不應該以為孩子只是三、四歲就不需要管教，其實，孩子腦部的可塑造性很高，年紀越小，他們的學習能力就越高。所以，父母應從小慢慢培育子女照顧別人感受的情緒智商，這是我的育兒經驗及很多教育家的研究結論。

讓我來分享一下節錄自《我的女兒麥明詩 —— 一張白紙到 10 優的培育經歷》一書的一小段文章：「有研究發現，過早得到太多自由與權力的孩子，成長後會更難適應社會，無法面對社會上的種種規範，做事缺乏自信，很多人因此未能發揮天賦潛能，結果導致自己的才能被埋沒，變得情緒低落，感到沮喪，更嚴重的會造成情緒問題，甚至出現暴力行為。」然而，父母若在這方面未能做得合宜，亦會引至孩子將來出現嚴重的反叛行為。這樣的情況已經有越來越年輕化的趨勢了，放眼社會，現在不少小學生也出現類似的問題了！

非自我中心是重點

一個社會中，我們不希望培養太自我中心的孩子，而是希望培育下一代成為照顧鄰舍的有為青年。父母們，從子女年少，甚至嬰孩開始，就要小心處理，預防勝於治

療！要有效管教子女，其中一種方法是跟子女一起「建立儀式」，它可以令子女慢慢養成各種良好的生活習慣，這會大大減少不合作的機會！

如何「建立儀式」？

所謂「儀式」，是指特定的時刻下重複的行為，儀式有一套規則和流程。我來舉些簡單例子，例如每年為孩子舉辦生日會、每天早上讓孩子喝一杯牛奶、晚飯後的親子遊戲時間等。可以說，每件你有意識重複做的事情，都稱之為「儀式」。

對孩子而言，有趣的儀式能幫助他們順利轉換心情，接受父母給予的任務。例如，當我帶明山及明詩去公園遊玩時，我習慣叫他們先跑一個圈，再慢慢玩不同設施。這樣，可以鼓勵他們先鍛鍊體能後才開始玩樂。在睡覺前亦會有一個簡單步驟，就是到差不多九時，我便會對他們說：「是時候上船玩了。」其實上船，即是上牀睡覺。他們總是興致勃勃地跑上「船」準備好！有時候我會讀故事書，有時候則會聊聊天，孩子聊累了，自然會入睡。

幫助孩子建立規律及秩序

在心理學角度上，要養成一個習慣一般需要 21 天。父母要幫助孩子建立有規律的生活秩序，亦需要時間慢慢去培養。過程中，我相信有趣而特別的「儀式」，總是能事半功倍的。事實上，退一步看，「儀式」不單是讓孩子自律的途徑，亦是創造親子獨有回憶的方法之一！有些「儀式」，單單屬於家人之間，看似枯燥乏味的日常生活，都因為每天這些獨有的小小「儀式」，而成為他們日後美好的回憶呢！

明山及明詩小時候很喜歡睡覺前的「上船儀式」，我會給他們讀讀故事書或聊聊天，讓孩子們自然入睡。

這幾年來，我走訪過很多學校擔任講座講者，發現最令父母頭痛的，都是跟反叛有關的問題。

4.5 父母哪一個當「醜人」？ 管教藝術的晶結： 既不放縱亦不嚴苛

說到父母之間的角色，丈夫屬於寡言沉默型的父親，也許是刻板印象的關係，多半不太出聲的爸爸都被誤會為嚴父。不過，在麥家，既沒有嚴父，也沒有虎媽。這是明山跟明詩說的！

　　我遇過不少父母，基於自身性格，他們分別擔任「好人」或「醜人」（壞人）的角色，一個負責嚴厲管教，而另一個則溫和、安撫、甚至寵壞孩子。細心一想，這樣的教育對孩子來說，其實是一個怎樣的矛盾？對他們的成長，可會引至負面的影響？有些父母不只嚴厲，甚至會施行體罰，對孩子的自信心又有着甚麼影響呢？

教育手法各異造成子女迷惘

我明白對父母而言,「好人」或「醜人」是一個簡單的分工,實踐上相對容易,但其實卻不是一個理想的教養方法。父母之間,難免會對子女的教育手法各有堅持,產生分歧。要有效解決,坦誠溝通永遠是黃金法則。當中最重要的,是父母對於子女的管教方式必須一致,不能在孩子面前南轅北轍,甚至嘗試利用孩子的支持來贏過對方,這樣只會令孩子感到迷惘,無所適從。

孩子能夠看出分歧

我在工作上也有遇過不少這樣的情況,父母的管教方法不同,只是幾歲的小孩也能看得出父母之間的縫隙。例如,爸爸習慣縱容,媽媽則代表着嚴厲,孩子看得出分歧,就會親近爸爸而避開媽媽,以選擇性的厚此薄彼行為控制父母,亦加劇了父母之間的衝突。久而久之,孩子會產生挑戰父母權威、脾氣差、行為問題、反叛等的惡果。除了會漸漸疏遠當「醜人」的一方,也會開始鑽漏洞,例如做錯事,找白臉就不會受罰,無助建立正面行為和紀律性。

同是「好人」亦是「醜人」

我和丈夫性格南轅北徹，一靜一動，當然有小吵小鬧。但在教養大方向上，我們早達成共識——嚴厲但不兇惡。我們既是「好人」，又是「醜人」。子女犯錯時，會明確指出做錯甚麼事，而不是責打子女。例如，明山及明詩小時候打架，我和丈夫會指出他們的不對行為，教他們無論如何都不應該付諸武力，告訴他們往後怎樣改善、做得更好，而不是大罵他們是頑皮孩子。如有需要，會有適量「處罰」，例如縮短該天外出玩耍的時間。但我們的口徑和做法會絕對一致的。

體罰的影響

我和丈夫都不算很嚴厲，甚至壓根兒不是「醜人」。的確，我倆屬溫和派父母，但卻不等於子女可以不尊重我們，不聽管教。我認為，對子女來說，爸媽的「嚴厲」，在於堅守底線，堅持協商好的規範。在管教路上，不需要打罵，父母的堅持，自會令人不怒而威。有很多父母問我，那麼給孩子體罰，可以增加管教效果嗎？以下我先來為大家分析體罰的影響。

懂得分辨輕重

雖然很多父母都想好好教訓孩子一頓，是出於一個良好的意願，但可知道用太兇惡的方法教導子女，會導致他自我形象低落及缺乏自信心呢！我認為問題主要不在於是體罰與否，而是在責罰時採取之極端程度。體罰也有輕重之分，輕輕打小朋友一下手掌，問題不大；但如果體罰至令孩子身體受傷，或帶有羞辱的成分，就萬萬不可！

過於嚴苛影響自信

我認識一些資質甚好的青年人，雖然能在大學取得好成績，但由於父母在他兒時的教導方法太過嚴苛，當他長大後，極度缺乏自信，在社交和處事的各層面都應付不來。在我前作第一章所提及的「自主與管教的藝術」，就是提醒父母不能太兇惡，但亦不宜太放縱子女，這兩種極端的方法，都會引致孩子失去自信的。

我稱管教為「藝術」，意思就是父母要做得恰如其分，有規範而不會太嚴苛。這樣，才能培育出身心健康，充滿自信和正面能量的下一代。面對年紀還小的孩子，

不用太多的解釋，因為他們的智能上未能理解。反而對於年紀小的孩子，父母可以直接給予一些清晰指示，讓他們了解這個社會是有所規範的，在合理的範圍下，孩子可以自由發揮。這樣就可做到既不放縱亦不嚴苛的管教了。當孩子漸漸長大，培養出一定的自主及自律的能力後，父母就可以慢慢退減規範，讓子女為自己的人生，踏出精彩的每一步了！

我與丈夫都是溫和派父母，善用管教的藝術，培養自信自律的子女。

4.6 由管教者變為朋友
如何與子女建立良好關係？

談到跟青少年相處，很多家庭都出現父母跟青少年子女不和的情況，究竟矛盾是怎樣產生的？很多父母都知道，要跟子女有良好的關係，必須有良好的溝通；要有良好的溝通，又必須有肯聆聽的父母，但具體是如何做到呢？其實，隨着孩子長大，父母愈發要跟子女變成朋友，不再是管教的管理者。

視乎管教程度

子女年幼時，父母作為照顧者，又是成人，於家庭中難免會擔任「管理者」的權威角色，習慣於跟子女的相處中是採取主導，成為「發號施令者」。說父母是一個管理者，也是對的說法，重點是視乎管教程度的強弱。就如我一向的育兒理念，在孩子還小的時候，必須加以管教，訂下合理的規範。子女年紀愈小，例如兩至三歲左右，管教的程度自然需要較強，然而當中最重要的一環，就是讓子女於框架下自由探索，愉快成長。

父母總得學會放手

從我自身經歷的最大體會，就是到了某個階段，父母總要學放手，由管理者的角色中慢慢退下，與長大了的子女變成朋友，或者觀察者，陪伴在側。但是，亦不可以過早就放任孩子，放下管教的角色，因為幼兒還未達到能明辨是非的程度，需要父母的循循善誘。當孩子愈大，就逐漸擁有更多人生經驗、知識、分析能力等，父母愈是需要變成朋友，特別是來到高中至大學，甚至踏入社會工作的階段，當父母的更加需要預早有警覺性。

由管教者變成朋友

要由管理者演變成為朋友，也許很多父母覺得很抽象，甚至困難。所謂放手，知易行難，最難的是因為懷着對子女的關愛，不希望他們「做錯事」，甚或抱憾一生。這種愛，令很多父母無法好好跟漸漸長大的青少年或成年子女溝通。

我的建議是，父母可以嘗試暫時抽離角色，而代入自己的日常社交中去思考。管理者，就如工作上的上司或老闆，他們只着重掌控，希望督促你達成目標，當中沒有太多理解。但是朋友則不一樣，他們會關心你的情緒、提供

安慰，支持你的夢想，在你跌倒的時候上前扶你一把。那麼，對青少年的孩子其實也是一樣，相信他們已經準備好了，放手讓他們追尋自我，父母在旁一直默默守候。

曾經常與明詩發生爭拗

以我為例，一向都能跟明詩和明山有良好的溝通，我相信這方面的「成功」，成為他們在學業上得心應手的原因之一！但坦白說，我跟其他父母一樣，也曾面對與子女出現溝通問題，一度變得情緒低落。

我先以明詩為例，從小到大，她都很願意接受我們的勸告，但是當她到了外國讀書後，我的感受是，她對我的意見開始不太聽入耳，留學英國回港後，她好像變了另一個人似的，變得很有自己的看法。雖然她思想聰敏，但始終我人生經驗較豐富，當時自覺看事物比她更為透徹和準確。在她的愛情和事業上，我一心是為她好，所以苦口婆心地給她一些意見。誰知卻引來激烈的爭拗！那時我們各自都很傷心，也哭過！這情況重複發生，越演越烈。

放下「為她好」的心換位思考

過了一段時間，我反覆思量和接受明山的意見，先

放下自己的看法，也暫時放下「澎湃的母愛」和「為她好」的心，先讓她闖闖。直到明詩在社會工作數年，中間雖仍有爭執，但當她跌跌碰碰過後，她又開始跟我們有商有量了。就是這樣，當時我決定放下前設，以及急於求成的心給意見，細心聆聽她的看法和分享。

漸漸地，大家都可以更深入地傾談。更重要的，可以重建良好的關係！後來，她還會主動找我聊天，分享她的心事和聆聽我的看法，有了這種溝通，我才有機會提出我的意見，終於能夠真正影響到她！

選擇放手重建關係

不只明詩，我與明山也有過這樣的階段。當年他還是中五就已不太聽我的意見。種種原因下，他當年的會考成績不如理想，這次挫折過後，他變得不再自傲，開始接受我們一些具有建設性的建議。回想起來，我還是慶幸當年選擇放手，相信跌一跤或會為他帶來不同啟發，才能於今天與兩名子女建立良好的關係。

其實，每名子女的經歷及際遇皆有不同，亦影響到他們有多願意接受父母的建議，當中並沒有一條必勝方程式。父母與子女的關係是慢慢進化的成果，需要父母

的支持及體諒，以及子女對人生的自我反省。

父母子女互相學習

　　那麼，父母與子女間可以互相學習及成長嗎？當然可以！我自己就經常在子女身上學到很多新鮮的事物及新的看法。隨着明山及明詩的成長，他們於某些領域中的見識肯定比我多，例如，明詩踏足過娛樂圈，做過國際管理諮詢顧問，明山則從事醫療專業，對我來說絕對是新鮮的見聞！我於很多事情上都開始請教他們意見，交流心得，例如時事、同事及工作等，無所不談！所以，父母必須先學會隨着子女的成長，奠定建立良好關係的基石，進而慢慢變成他們的好朋友，給予支持！

我與明詩雖然曾經發生過爭拗，但一向保持良好的溝通，以朋友的方式相處。

孩子的情商發展

5.1 教導孩子如何面對失敗（一）： 孩子不敢嘗試怎麼辦？

> 說到我兩位子女的失敗經歷，可謂如數家珍！明詩和明山在體能方面，自小不算有天份。為了強身健體，我仍然非常鼓勵他們多進行運動鍛練，希望作為他們體格及意志力的培訓。

那時所參加的比賽，他們多數與獎牌無緣，我與丈夫從沒因此感到失望，反而覺得志在參與，比賽中一家人天倫樂也很高興！又回想起有一次，明山參加英文朗誦比賽，怎料卻緊張而表現失準，臨時忘記了整段內容。事後我們送他一份小禮物，以獎勵他的參與，同時亦讓他明白小小失誤毋須氣餒，鼓勵他再接再厲，之後總會做得更好的！

從低谷中再次站起來

能克服失敗重新出發，亦與自信心有很大關係。所

謂跌倒後再站起來，說到尾其實是一份信念，深信自己一定做得到的。如果沒有這份信念，孩子很容易就逃避，不敢再試。這份自信心的建立，是靠着失敗來臨時，父母循循善誘，與孩子一起接受挫敗，展望將來。父母應該教育子女，下一次的成功，說不定就是一種超越！建立孩子的自信心與奮鬥心，沒有一套必勝法，靠的是人生閱歷的累積，並以正面積極的態度，勇敢面對。

有些孩子也許天生聰敏，經歷成功比挫敗多，父母當然可以多加讚賞，但也要讓孩子明白，真正的成功是即使從高處墮下，亦有意志力再次出發，這樣才是一種自信的表現！所謂奮鬥心，其實就是指當累了，想放棄了，還可以有再向前衝的能量，可以突破每一道難關，便可以走得更遠，而對於成功的人來說，失敗就是成功的必要助燃劑。

從父母反應中經歷失望

很多家長跟我分享，覺得他們的孩子很容易半途而廢。原因很大程度是因為孩子對自己缺乏自信，覺得自己甚麼也完成不了，不會成功。有些家長亦反映孩子不敢嘗試，連參與的意慾也沒有，可見這些孩子的自信及發

奮的動力已經在低點了，這通常跟以往的經歷有關。例如他們在玩樂或是學術表現中稍有失誤，由父母的反應中，感受到失望的情緒，或是父母拿他們去跟人比較，他們就會以逃避參與來避免再度觸發這些負面情緒。

又例如，父母可能希望鼓勵孩子，表達出來卻變成：「別人可以你也可以！」等帶來壓力的說話。父母面對孩子的反應，除了要真誠，亦要心思細密，不能過於隨意。也許因為我的專業所致，我對孩子的反應會格外小心，深思熟慮每個步驟，亦會提醒丈夫小心言詞。各位父母亦要謹記，人與人之間的溝通，有多達八成是非言語的，我們所顯露於非語言的溝通及孩子所能透視我們所想的，比我們想像中的要多呢！所以父母與孩子溝通需要份外敏感，因為其反應（包括語言和非語言的）絕對會影響孩子面對失敗的心態，亦影響他們如何積聚重新出發的勇氣及能量。而最終，父母對「成敗」的看法乃是關鍵所在。

值得一提，鼓勵孩子參與運動，除了有助訓練意志力，亦有助令孩子理解專業運動員的那份咬緊牙關，堅毅不屈的拼勁及意志力，原來是這麼辛苦的！但為了追尋夢想，可以如此堅持！要培訓孩子面對失敗，能發奮重來，不是集中於進行甚麼訓練，而是由生活習慣做起，先

調節好自己面對成敗的心態。不要過於執着孩子一時三
刻的表現,反而是慢慢培養他們永不放棄的精神,從中經
歷由失敗到成功的過程,才能累積自信心,不斷前行。

鼓勵孩子參與運動,有助鍛煉孩子的意
志力。

5.2 教導孩子如何面對失敗（二）：
從成與敗的長途賽中學懂奮鬥心

> 明詩於 2009 年中學會考意外地獲得十優佳績，在
> 傳媒大肆報導及親友的恭賀聲中升讀中六。本以為
> 憑着十優的成績可以考取獎學金往外國升讀大學，
> 最後卻無緣獲取！

在孩子成長的過程中，其中最重要的一環，是讓孩子學會面對失敗。為甚麼？因為只有經歷挫折，孩子才能發揮最大的韌力，堅強面對。要讓孩子從失落之中再次出發，保持希望，培養奮鬥心，第一步，就是從小教導孩子們學懂面對成敗。就算失敗了，也要繼續嘗試。作為父母，可以由引導孩子培養面對成敗的正確心態開始。

為何父母是孩子的重要他人

漫漫人生，總有高低起伏，一步失敗，一步成功，交織出精彩人生。對年紀小小的孩子來說，當下少許成敗，

也許會被看成天大的事，但父母如果亦能夠做到淡看成敗，理解到人生之所以豐盛，是因為有無數的經歷一起交織而成，就會有所感悟，有誰從未失敗過呢？「勝敗乃兵家常事」，最重要是着重參與和擁有克服困難的態度。父母如能擁抱這種正確的心態及觀念，自然不會對勝負過於緊張。

放眼社會上無數的成功人士，他們的人生故事也離不開「失敗與堅持」。科技鉅子 Elon Musk 的故事，相信各位也有所聽聞。在擠身世界富豪榜之前，他受過欺凌，亦試過當鋸木廠的鍋爐清潔工，憑着他永不放棄的精神與求知慾，繼續追尋夢想，創立了太空科技項目，亦創下了不少足以改變人類歷史的發明。值得一提，他的母親不但不是「虎媽」，而是一位樂意給予子女發展空間的單親媽媽。這位堅強的母親，作為家暴受害者，離婚後沒有自暴自棄，反而靠着自己的努力取得碩士學位，一手提拔子女長大。細心一想，Elon Musk 那份不屈不撓的精神，原來亦有跡可尋！可見父母的態度及看法，對孩子有着非常重大的影響。

父母對於孩子來說，是至關重要的重要他人（Significant others）。這個世界對於年紀還小的孩子來

說，其實是很小的。隨着年紀漸長，透過戀愛、工作、組織家庭等，他們的世界才會慢慢擴大。所以小時候，父母作為孩子的重要他人，父母的回應及教育，對於孩子的成長自然有着關鍵作用了。對於小朋友的某些行為，父母的反應是開心，還是不甚高興的，在他們的小宇宙裏，影響是巨大的。

調節心態為何重要？

作為父母，同是成人，我們又是如何面對失敗的呢？我們不也是這樣跌跌碰碰走過來的嗎？當孩子成績不如理想，孩子與父母也少不免會有挫敗感。父母要做的，是調節對勝負的心態，而不是禁止孩子失敗，要與他們一起學會接納，着眼未來，引導子女向前看，才能啟發他們重新出發。父母要先避免聚焦眼前失敗，明白人生是一場長途賽，過去已成不可改變的事實了，何必困在失敗之中呢？

在明詩及明山的成長過程中，他們遇到失敗時，我和丈夫不會責備他們，但我們會跟他們一起探討「下次我們如何做得更好呢？」我希望為他們定下目標，讓他們明白可以做到一次比一次好的道理，從而建立希望。即使是

微不足道的挫敗也好,孩子在當中亦是會感受到傷心的。
父母要做的不是再加重負面情緒,而是鼓勵孩子學會積
極前行,再接再厲!

作為父母,我們應該鼓勵孩子無懼困難,勇往直前。

5.3 正向思維與成功的關係
四種方法培養正向思維

人生路上大家也一定經歷了大大小小的挫折，面對困境，我們更應該發揮正向思維，扭轉逆境，邁向光明。其實，不只是孩子才需要培養正向思維，對成年人來說也是重要的特質，這樣才可以成為子女的避風港，與家人一起迎難而上！

運用正向視覺影像法

要培養正向思維，可以於思想訓練方面着手。有不少研究都顯示，用正向視覺影像（Positive visualizations）想像正面後果的人，比起用口頭句式較快樂和較少焦慮。所以，在這艱難的時刻，我們應用更多視覺影像模式來想像社會的美好將來呢！

那麼，視覺影像模式是如何運作的呢？當我們在腦中專注地想像一個影像時，就會像看電影一樣，在腦中構成一個畫面。例如，可以想像將來有一份有意義的工作、

工作環境很好、跟同事相處亦很愉快，然後嘗試具體地在腦海中呈現出一些特別情境，例如跟同事開會、一同上台領獎，或想像有需要的人被幫助的畫面等，從中建立滿足感。種種情節就如電影般在腦海中放映，當成是一種思維訓練的方式。

當我們沿用這種正面思考的方式，想到的都是一些好的事情，並相信自己有能力呈現在自己的眼前。相反，一個悲觀的人，他們可能會影像化自己將來悲慘的命運，腦海中放映的是貧窮坎坷、滿臉疲憊，或在街上流連的慘情場景。

實際方法培養正向思維

所謂的正向思維（Positive thinking），其實不是要大家脫離現實，勉強樂觀，而是一種實際的思想方向。透過想像快樂、和諧，生活空間舒適充裕、居住環境背山面海、空氣清新等等，種種細節就像預見美滿的將來，這樣人才有動力一步步實現自己的理想。相反，負面的視覺影像（Negative visualization）只會帶來「我就是不幸」的情緒，很難對未來有所憧憬。要做到視覺影像模式，我為大家提供一個小貼士，就是頭腦需要專心專注，才能夠在腦海中具體而仔細地描繪一件事情的呢！

視覺影像對學習的益處

另外，視覺影像對讀書也很有幫助的！例如，當孩子學習生物科時，可以請他們在腦海中，放映一隻蝴蝶是如何由毛蟲蛻變而成的。由毛蟲從蛹中孵化開始，到破殼而出再飛走，引導子女在腦海中想像這幾個階段，以影像幫助學習。又或者，當接觸歷史課時，教導子女於腦中想像哪裏有戰爭；哪個將軍帶領多少士兵去攻城掠地；戰爭持續了多少天；有多少個城鎮被攻陷等。然後再逐一敘述，有助加強記憶，牢記重點。

正向思維邁向成功

很多父母也問，正向思維可以引領子女邁向成功嗎？有研究顯示，正面思想的人之成功率比負面思想的人更高。快樂的人相對其他人更有信心、樂觀及充滿正能量。而這些因素會使他們達致成功。而且，透過正向訓練，可以有效地鍛鍊情緒、社交和家庭等範疇的正能量，使人們處於逆境時，能夠成功面對壓力和創傷。

一個縱向研究更追蹤了一羣修女，發現最長壽的，原來是那些年少時用比較正面的態度看事物的修女呢！足

以證明正向思維的重要。那麼,在艱難的時候可以怎樣用正向思維重新得力呢?我為大家簡單介紹四個方法,以增強正向思維,堅強樂觀!

方法一:冥想

很多研究發現,每天花一段時間安靜下來,冥想及深呼吸,會帶來更多正面情緒,亦會使人容易發現人生目標、擁有健康及給予別人更多支持。

方法二:書寫感受

有研究顯示,如果連續三個月每天書寫正面經歷及感受的人,他們身體都會較健康,看醫生的次數較少。

方法三:放鬆玩樂

無論多困擾和艱難,都要為自己在日程中加插「玩樂時段」。讓自己可以快樂地活在當下,每天微笑、重新得力、享受正能量的益處!

方法四:跟家人和朋友保持良好關係及接受改變

如果遇到困難,一定要與家人及朋友分享,讓他們

幫助自己。世事變幻無常，不要太過執着於把事情維持原狀，接受無論是好是壞的改變，都是生命的必經過程！

不要被挫折影響鬥志

最後，我希望可以借明詩的經歷，鼓勵所有遇到挫折的人！明詩會考時也曾遇過不少挫折。除了失戀，在會考期間，也因答題失誤感到沮喪！當時，地理科考試有兩張卷，應考卷一之後，她才發現原來漏答了一部分，當場情緒崩潰，並哭了起來，失去了作戰的心理狀態。那時我鼓勵她，不要被一點失誤影響心情，要重拾樂觀的態度，要相信下回會做得更好，把失去的分數追回來，要對未來充滿希望！

收拾心情後的明詩，努力作答餘下的卷二。回家後，她的心情仍未平復，沒有心情溫習下一科。我沒有說甚麼安慰的說話，只是陪她到公園跑步散心。運動的確可以令身體分泌一些提升意志的物質如內啡肽（Endorphrins），跑完後她的情緒果然回復平靜，能用心準備繼續要面對的考試了。意想不到的是，她最終竟然可以於這地理科取得佳績！

所以，大家不要因為一些挫折而影響鬥志，要積極

面對,努力向前!說不定你也能像明詩的經歷一樣,最後的結果遠比想像的好得多呢!無論我們有多遠大的志向和理想,都必須有健康的精神和體魄,在此希望大家都能夠重新得力、繼續上路!

明詩遇到挫折時,我會鼓勵她,要對未來充滿希望!

* 部分內容節錄自《我的女兒麥明詩 —— 張白紙到 10 優的培育經歷》一書

5.4 從失敗中上寶貴人生課 子女面對挫敗父母可怎樣支持？

對學生來說，中學文憑試放榜算是人生中一個非常重要的日子！當父母的，當然要與子女同行。雖然說不要過分緊張孩子的成績，但放榜始終是子女人生重要的關口，父母如果應對得宜，對子女的心理質素會有莫大幫助。我以明山當年會考的經驗，跟各位分享父母支持子女的重要性！

不論是甚麼類型的公開試，試前準備的壓力確實很大。其實壓力之源是來自對未來的迷茫和恐懼，考試會迫使人面對多個未知的選擇。例如，必須認真思考日後的出路，或為自己下重要的決定。細心一想，考生能在千斤壓力下完成這場仗，已經是很了不起的成就，值得鼓掌。

要求子女盡力就好

對於成績，我的要求是子女盡力而為就好，無論結果如何，我都會一直鼓勵他們，給予支持。至於到底怎樣鼓勵及給予支持的程度，則是按照子女的性格及能力而定。例如，明山較擅長數學科，當他得到高分時，我就會適度讚賞。然而，明詩的附加數學能力並不突出，我就跟她說盡力即可，即使只有六、七十分，我都會因為她付出的努力而加以鼓勵。父母如果多用鼓勵的方法，可以令子女建立自信。

子女不聽勸告怎麼辦？

現實和理想始終有落差，如果子女成績未如預期，父母也許會失望，但該如何處理及加以引導呢？讓我分享明山於公開試時的一個小故事。雖說我不希望子女於中學階段拍拖，但正值青春期的明山不聽勸告，選擇大談戀愛。畢竟人非草木，但是影響了學業就出現問題了。中五那年，戀愛中的他，試前不願多操練試題，考試期間甚至「煲電話粥」至凌晨兩、三時，我沒辦法勸止他，唯有讓他在結果中學習。

結果，一心以為自己會考得不錯的明山，放榜時的成績卻遠遜於他的預期。有這樣的結果，未必一定是因為拍拖的，但的確當時的他，並沒有接受我的意見，沒有做足夠準備。遇到強烈的落差，明山當時萬分失望，他那無力的身影、落寞和失意的神態，真叫我們心酸。當時無論結果及過程如何，我和丈夫都願意陪伴他一起度過這段「黑暗的日子」。

責備又如何？

收復心情過後，我們一起進行檢討。其實以明山的能力，他的成績絕對有機會達到「拔尖」要求。然而，結果如此，令大家的心情都跌入谷底。或許有些父母面對這些情況時，會忍不住責怪：「我一早話咗你㗎啦，而家考得差啦⋯⋯」有時候，停一停，想一想，這些責備，對事件真的有幫助嗎？或是只會令子女的情緒更低落呢！我跟大家分享我的做法，我認為成績單上列印的，已是不爭的事實，若我告訴明山他考得不錯，就是背着良心；若告訴他他未有盡力，又實在會更令他沮喪！

聆聽子女內心的聲音

於是，我花了整個下午陪伴他，細聽他的感受及懊悔，更重要的，是理解他對將來有甚麼想法和計劃。這些情況下，聆聽子女內心的聲音，遠比教誨更重要。慢慢地，他的心情漸漸恢復，也開朗過來。那個下午，我沒有說甚麼，唯一記得的就是「人生不會事事順利，最要緊的是能夠從失敗中懂得站起來。你下次一定會做得更好的！」那次的跌倒，讓明山變得更成熟，中六、中七時他專心讀書，全力迎戰。

怎樣從失敗中站起來？

從小自恃聰明的明山，常帶點傲氣。這次「失敗」的經歷確實可貴。在往後的日子裏，他比以前成熟了很多，而且比以往謙遜踏實！自此以後，明山一鼓作氣，比會考時加倍認真讀書。果真給他考進醫學院，實踐理想。他也曾告訴我，當年的跌宕，給他上了很寶貴的一課！

其實子女成績如何並不是重點，重點是他們在當中有沒有成長，更清楚自己的目標。放榜階段，父母的角色就是扶孩子一把，引導他們好好地自我評估。更重要是讓他們知道，無論在甚麼境況，父母永遠都會支持他們，

家庭總是他們的「避風港」。

陪伴子女渡過難關

　　我勸勉各位父母，若你子女放榜的成績美滿，固然要為他們的成功喜悅！倘若他們的成績未如理想，要默默的陪伴他們渡過難關，也要對他們充滿信心，幫助他們從這次經驗中得到啟發、重新上路！一次的考試並不能斷定一個人成就的高低，一個人的價值，也不在於成績單上的數字，最重要的是，他們在這次的成敗中，上了一堂寶貴的人生課！

明山考進醫學院並順利畢業，我們也為他欣喜。

5.5 為何子女容易發脾氣？
關愛別人是尊重父母的基石

不少父母表示，家中的孩子很容易發脾氣，稍有不如意的事就經常埋怨，甚至責怪他人。又有不少父母抱怨孩子不聽話，對父母有欠尊重。很多時候，當父母已經歇盡所能給予孩子最好的成長環境，為何孩子還是不領情呢？甚至愈來愈反叛，「為甚麼我那麼疼愛孩子，但孩子卻不尊重我？」成為了很多父母的心結。

是誰的責任？

每當遇到這個情況，我也會請父母們先平心靜氣地反思，這種局面，有沒有機會是父母自己造成的。我並不是怪責父母，而是以我觀察，如果父母經常以子女為中心，不停付出，孩子或會逐漸覺得這是理所當然、不懂感恩。

在這個不流行管教、崇尚以兒童為本的時代，父母

往往容易變得遷就及溺愛子女。加上現代孩子生活比較富足，他們很多亦有私人補習、家傭隨傳隨到，平時父母亦百般呵護，不需要付出就自動有所收穫，在這種環境下成長的孩子，怎能培養出尊重別人的心態呢？最怕是變成小王子般，在家中呼風喚雨、目中無人。

感恩培育由日常做起

保護孩子固然是父母的責任，但很多父母都傾向把這份「保護」過於放大，忽視孩子終歸有一天也得脫離護蔭，投身社會。所以，父母更大的責任是讓孩子學會承擔責任，而不是坐享權利。父母要以身作則，多鼓勵孩子感激生活中的好人好事，引導他們保持感恩之心。

在明山和明詩還小的時候，我會經常跟他們分享世上各種美好的事，例如偉大的發明家如何令我們的生活愈來愈方便、老師耐心的教導讓他們增長知識，甚或是，其實我們每天有米飯吃，並不是理所當然的事，我會向他們簡單分享農夫種米的勞苦，才換得我們三餐溫飽。父母們亦可於這個概念上加以延伸，向子女講解因為父母上班賺錢，一家人才能夠「有錢開飯」，引導他們建立對父母的感恩之情。

快樂的基礎

每當明山和明詩有所要求，我會衡量他們的要求是否合理。例如小時候他們希望得到玩具，需預先完成簡單的任務，令他們明白世間沒有不勞而獲的事。中學時期，我只會給小量零用錢，供基本生活需要；如果他們想與朋友外出玩樂，其費用便要靠自己儲蓄，久而久之，他們便明白凡事都不是「奉旨」的，因為得來不易，才會學懂珍惜。學會感恩，不單是美德，甚至可以讓孩子學懂快樂。一個人快樂與否，其實不在乎得到多與少，而是自己有沒有一顆珍惜及知足的心。

切忌有求必應

一家人之間，未必一定只有子女感謝父母，父母其實也可以感謝子女！我認為這種心態亦是最好的身教，例如感謝子女的乖巧，願意主動幫忙家務、自覺做好功課、勇敢克服困難等，全都是令父母欣慰的事，當子女體驗過備受肯定的喜悅，自然也願意去感激別人，心存感恩。

要培養一顆感恩的心，重點落於父母對孩子不可有求必應，切忌過分滿足孩子的物質需求。不論是成年人

或小孩，物質供應如果過度豐富亦都會變成習慣，因而不懂珍惜，對於事情和生活的看法，亦漸漸變得「理所當然」。試想想，你會在錦上添花時，還是雪中送炭時學懂感恩呢？與其給予最好的享受，不如教會孩子珍惜所有。

同理心是尊重父母的核心概念

最後，要讓子女學會尊重父母，不能只對他們訓話，更重要的是讓他們擁有同理心，考慮別人的感受。我不妨舉個日常生活例子，子女對父母發脾氣、無禮，父母不宜在這時候跟他講大堆道理，「解釋」為甚麼這行為不當云云。過於冗長的解釋容易被子女誤以為是父母理虧在先，才要多番解釋，更像是要說服子女接受，這種情況容易令子女變得自我中心，不聽教誨。父母不至於要大發脾氣，但在此時也應用嚴肅和不滿的樣子對子女說「不」，讓子女明白要體諒對方感受，引導子女以同理心出發，思考別人感受及難處。

不瞞你說，明山和明詩今天雖已長大成人，我們也會在言語上偶有衝突的！若他們無禮或不尊重，我和丈夫也不畏表達感受。仁之最高境界為孝道，但孝道不止限於家人，孝道亦盡顯情緒智商之同理心的發展。

我們常提醒子女考慮別人感受，亦要心存感恩。

5.6 教導子女如何面對「欺凌」
讓孩子建立良好人際關係

最近明山跟我分享了一個生活點滴，有朋友跟他傾訴了一件辦公室欺凌事件，我發現他竟然將我以往於他年少時，教他怎樣處理欺凌遭遇的主要重點，用來開導朋友！作為父母要有心理準備，有一天要面對子女被欺負的問題，我們該如何教導子女面對「欺負」呢？除了要減低欺凌所帶來的負面影響，也要從中培養他們更堅韌的個性，以面對日後出身社會時，需要處理更複雜的人際關係和衝突。

當子女在外面受了委屈時，我建議父母可遵循三個步驟去處理事件，疏導子女的情緒最重要，其次是幫助他們重新建立自我價值。久而久之，子女才能夠擁有強壯的心靈及心智，去應付自己被欺負的傷害，以及理性地保護自己。

第一步：疏導子女被人欺負的情緒

子女訴苦時，如果父母習慣說「你做咩咁蠢呀，成日界人蝦！」、「你做咩唔同老師講呀！」請你立即停止。或者父母只是為孩子抱不平，但對心裏已經受傷的子女來說，這些說話都是斥責，會是雙重打擊，只會讓他們感到更加惶恐和無助。進行任何說教之前，應該先好好安撫孩子的心情。

我曾經跟明山及明詩分享自己小時候被人欺負的經歷，例如，被人改花名、被杯葛等，我當時亦非常難過，因此我對於被欺凌的孩子可說是感同身受。父母也許不必成為欺凌的受害者才能夠安慰子女，但讓孩子感受到你的同理心，再溫婉地誘導他們說出內心感受，是非常有效的安慰。

第二步：教育子女如何面對被人欺負

當子女心情平靜下來時，父母才教導他們如何保護自己。每次的狀況都未必一樣，對付不同的欺負者，亦無法只用同一個方法。因此，父母要先教懂孩子觀察環境，針對不同的人和情況使用不同的對策。要孩子明確表達「唔好諗住蝦我」的立場。

我分享三個具體的方法,其一,對於那些喜歡引人注意的欺凌者,就要教孩子不要理會對方,完全無視,離開現場;第二,若已經迴避多次而對方仍然主動冒犯,父母便可教育孩子直視對方,大聲說出「你唔好咁做!」;其三,若對方沒有收斂,甚至變本加厲做出傷害他人的行為時,就應立刻離開現場,尋求老師或其他成人的幫助。當子女建立到「被人欺負,我絕不忍讓」的形象時,欺負者多數會知難而退。

第三步:幫助子女肯定自己的價值

　　如果孩子經常被人欺負,父母就要進一步留意孩子的性格。普遍而言,被欺負者盯上的孩子一般會有幾個特點:自卑、不合羣、外表比同齡不一樣,例如較矮小、肥胖等。父母可以留意孩子有沒有上述情況,再對症下藥。讓孩子參與一些運動項目及體能鍛練,是防身和增加自信的好方法。

　　同時,父母可藉由傾談心事,來幫助孩子尋找和肯定自我價值,例如「即使被人欺負,也不代表是你差勁,亦不代表性格溫和有錯,你是有能力對抗的。」

　　最後,我分享的建議主要是針對一般的欺凌問題,

但若然是牽涉暴力罪行，又或黑社會等嚴重問題，就要考慮幫子女轉到另一個更安全的環境了。

教孩子同理心要具體地教

當子女面對身邊有朋友被欺凌，便需要有同理心，才可能幫助及照顧朋友的情緒。同理心令人能諒解他人，體會到對方的難過，不只是做到同情對方，而是能夠易地而處，從對方角度出發。有同理心的子女，除了會想到自己，亦會關心別人。孩子的這份體貼，父母可以一步步培養，關鍵是要夠具體。

第一步：幫助孩子認識和表達情緒

既然要感同身受，首要是有情緒教育，特別是負面情緒。例如當孩子跌倒時，可能會哭，有些家長會引開孩子的注意力、有些則會直接向孩子說沒事。也許當下他們會不再哭鬧，但卻失去了表達情緒的空間。父母應引導子女認識情緒，例如安慰說：「為甚麼哭鬧？是因為受傷很痛嗎？還是不想其他人看到你跌倒呢？」用具體的陳述去問孩子，找出真正觸發他們行為的情緒。

第二步：引導孩子學習易位思考

　　當孩子懂得分辨情緒時，已經打好同理心的基礎。父母能在生活中時刻引導他們易地而處，特別是孩子跟你爭論時，與其直接告誡，不如教導他們易地而處。例如，當子女因為外表取笑別人時，能引導他代入對方角色，「上次同學笑你矮，記得你是甚麼感受嗎？你會想和他們玩耍嗎？」用孩子類似的經歷，讓他想像別人的感受。

第三步：父母體諒

　　體諒子女是最好的身教。除了日常生活的引導，父母亦需時刻以同理心體諒子女，令他們感受到被關心，和體貼的愛。例如，當孩子因為被搶玩具而心情沮喪時，父母可以說：「我明白你的生氣和難過，因為我最喜歡的東西被搶走時，我亦有同樣感受，當時我這樣處理……」盡量先肯定孩子的情緒，再提出理性的解決方法。

　　這樣，孩子除了懂得怎樣保護自己，免被欺凌，也不會成為欺凌別人的一方。要知道孩子若習慣欺凌別人，將來在社會亦會在人際關係上出現嚴重的問題，難於與人融洽相處。

我們時刻在生活中引導明山和明詩，培養他們建立良好的人際關係。

5.7 高成就者是怎樣孕育出來？培養逆境自強能力

> 我慣性留意一些高成就人士，例如，在奧運或國際電影節中得獎者的訪問，幾乎每一位所講的經歷都是類同的，我歸納出幾點他們勇奪佳績的原因：家人的支持、情緒的控制、刻苦的鍛煉、戰勝孤獨的感覺等。我想在這裏特別跟父母們分享「情緒控制」的重要性，以及如何看待「It is OK to be not OK」的課題，接受孩子的短處，讓他們日後能成大器。

培育逆境自強樂觀心態

　　每一個人在達至成功的路上，難免都經歷挫折，有人會直接選擇放棄，又或有人情緒會變得非常低落，難以振作，如果困在這個低谷中走不出來，會妨礙了一個人發揮應有的能力，自然演變成失敗了！高成就者的特質則不同，他們有着堅毅不屈的鬥志，能夠絕境逢生。

　　父母們若希望子女成為高成就者，就必須培育他們遇到挫折和困難時不氣餒，懂得懷着樂觀的心情，在低谷中激勵自己，堅持盡力無悔的態度。而且，每當遇到失敗，最重要的是懂得忘記之前的挫敗，勇敢地迎接眼前挑戰！怎樣培養這種情操呢？例如，子女成績表現欠佳，當然或多或少會有負面情緒。這時候父母要避免「落井下石」，反而要激勵他們繼續努力，重新出發。父母積極樂觀的態度，必然會潛移默化地令子女懂得在逆境中自我激勵，他日站在高台上的，就會是你的孩子了！無論甚麼訓練，也不及能面對逆境來得重要。

　　明詩自從當選港姐後，不時受網民惡意抨擊，有時也感到頗大壓力，甚至落淚。過後，她又重新得力繼續堅毅前行。作為一位從事治療有特殊學習需要（SEN）兒童及青少年的職業治療師，我明白適量的淚水可以是良藥。

「哭」反而是堅強的表現

　　「哭」，在我的觀念上，從來不是一個軟弱的表現，甚至有時候是堅強的表現。因為，這代表一個人願意面對自己的弱點。當一個人正視自己的痛楚，才會覺得傷心，才會哭泣。當一個人願意面對情緒，才有機會踏出下一

步。相反，有些人卻一味否認悲傷情緒，自欺欺人地認為：「我好 OK，我沒事。」反而可能原地踏步，或終有一天超出負荷，對精神造成極大的創傷。

我明白，各人都有自己面對困境的反應及方法，我不是建議一定要哭，但哭一定是其中一種有效的情緒治療方法。當子女遇到挫折，「哭」這個行為本身可以抒緩壓力，絕對有減壓的效果，能夠產生自癒（Self-healing）的重要作用。我不是建議父母鼓勵子女多哭鬧，而是當子女傷心流淚時，父母的第一個反應不是：「不准哭！」，而是問一句：「為甚麼哭？」

失敗中出發 回看就是成功

父母應該把握子女遇上挫折的機會，支持及帶領子女渡過難關，重新出發，再接再厲。當他們在難關前退卻，對他們而言，那就是一個挫敗的經驗。如果父母能擔當一個支援的角色，協助他們跌倒後再站起來，子女將來回憶，這就是一個成功的經驗。所謂失敗乃成功之母，意思是當下面對失敗時，他能再次站起身，從這個經驗中，他們知道自己是可以再進一步。這樣，才是學習堅毅不屈的精粹所在。

It is OK to be not OK？

「It is OK to be not OK」，是一個非常重要的情緒管理課題。因為這代表子女學習去接受自己，原來某方面不擅長，也是 OK 的。當接受了這一點，一個人才能開始建立自信心。父母要問自己，到底甚麼是 OK？子女不擅長讀書，但他富有同理心，特別重視別人情緒並懂得加以關懷，將來在社會上，這個能力可能比成績好更加重要。

但這名孩子必須先領悟到其實人無完美，要學習去接受自己會「not OK」的事實，才能夠接納自己，建立自信心。如只會埋怨自己不夠好，終其一生亦不會快樂的。相反，如果懂得發掘另一些優點，例如我並非貌美，但我有其他長處，願意幫助弱勢社羣。這樣的想法才能支持一個人一直前行，昂首邁進。

從父母身上建立自我價值

當明詩和明山還小的時候，我便開始灌輸他們「一切盡力就可以」的觀念。其實，父母要去接受子女，才會令他們真正接受自己。孩子在成長階段，父母對他們的接觸、看法非常重要，尤其在初期成長的階段，子女是先從

父母的讚許和鼓勵中，建立出自我價值，從而學習欣賞自己。所以如果連父母都抗拒接納孩子的短處，他們日後更是難成大器。

回憶當天會考放榜，成績失利，明山落淚了。我和丈夫勉勵他，不緊要的，重新振作努力吧！隨後兩年，他咬緊牙關、拿起厚厚的書本，修讀艱深的高考課程，繼續朝着自己的志願進發！2008 年，明山終於考進醫學院，2013 年修畢中文大學醫學院學士後，明山一直在公營醫院服務。他不斷努力，2015 年被一位整形外科主管醫生賞識，挑選他修讀這門高難度的手術科目。

在公院一邊要應付極為繁忙的醫療工作，另一邊亦要修讀專科課程，他的生活確實緊迫辛勞！我每天早上六時起牀上班，原以為已經算辛勞。誰不知，這些年來，他經常要半夜趕回醫院替病人做緊急手術，有時只睡兩、三個小時又要繼續進行十多小時的面部創傷或頭頸癌症等手術。我非常感恩，明山能夠抱着積極的態度默默捱過了重重的艱難！今天明山終成功考獲了整形外科專科院士並獲得金獎。我為他鼓掌，亦祝願他仍仗着正面喜樂的人生觀，繼續努力！有時，一句「不要緊，哭過再來吧！」可能是子女一生中，最大影響力的一句話呢！

明山成功考獲了整形外科專科院士並獲得金獎，我們到場祝賀。

家庭關係與
孩子的成長

Chapter 6

THE EFFECT OF FAMILY RELATIONS
ON THE GROWTH OF CHILDREN

6.1 美滿婚姻造就健康家庭 子女從包容中學會互助、 互愛與互信

在成長過程中，一個健康的家庭，對每個人的心理發展都十分重要。從家庭中建立安全感，就能使孩子有自信，敢於面對外面世界的種種挑戰。夫妻面對種種誘惑、過度崇尚一己的自我價值觀，都可能影響到婚姻出現危機。很多父母傾力培養子女的智能和各種才藝，但其實努力建立一個健全的家庭，才是培育的基石。

從父母身上學習互愛精神

當我們思考怎樣才是一個健康的家庭，首要考慮到的，自然是父母之間的相處模式。父母是孩子的重要他人（Significant others），如果夫妻關係和睦，子女就能夠從父母的關係中學會互相欣賞及關愛的品德，日後也懂得應用於個人的人際關係中。反之，如果子女經常目睹

父母之間彼此批評，絲毫不願退讓或包容對方的缺點，孩子日後就難以建立體諒及接納的心態。更重要的是，父母間的彼此包容，能讓子女意識到其實人無完美，自己亦有缺點，而且從父母身上學習到只要透過體諒與包容，不完美是可以的，即使有缺點，亦能夠被接納及愛護。

孩子的性格就是這樣一環扣一環地，慢慢從父母建立的榜樣中培養出來，如果希望子女日後能夠建立足夠自信，堅強面對失敗，就要以身作則，先接受孩子的不完美，再教導他們接納自身缺點，尋求改進。

我們要先理解，子女性格的發展，家庭關係對孩子的品格發展有着重大影響。如果父母性格自私，只顧自己感受而不願顧及別人，孩子自然看成所有人就該是自私的，凡事只想自己就好。如果父母之間有考慮對方需要，亦願意彼此照料，在旁觀察的孩子久而久之便會把此特質融入性格之中，長大後更懂得關愛父母和他人，明白體諒的重要性。再者，父母之間的互助態度，亦能讓子女培養出將來樂於助人的美德。

抱持「不可懷怒到日落」心態

在香港，工作及生活壓力非常大，我自己亦是全職媽媽，十分理解父母養育子女的難處。父母難免因為各種原因產生負面情緒，一時按捺不住，於孩子面前發生衝突，亦是人之常情。不過，父母要時刻提醒自己，發生口角之後就要控制情緒，到了某程度雙方都需要冷靜下來，不能任由情緒發洩至發生肢體衝突，不然孩子便會誤解原來暴力可以解決問題，影響品格的發展。

很多父母都會向我請教，希望了解我是如何維持這個相親相愛的家庭。我的秘訣就是經常提醒自己要懷着「不可懷怒到日落」的心態，其實等到日落也太久了！每次我跟丈夫發生爭拗，一會兒就會放下情緒，有些夫妻會冷戰 10 多天。影響的不只夫妻關係，孩子在這段時間也會感到無所適從，無法理解為甚麼父母之間會突然不理不睬，產生不安感。

有父母也許會覺得兩人的一時之爭，事後可以跟孩子解釋原因以作補救。可是一切的情緒或表達，已在爭吵的過程中表露無遺了，當中的對錯，又或是誰先挑起爭論，一起生活的子女其實已經全都看在眼內了。

每次發生爭拗，我與丈夫一般不會過於着重怎樣跟子女解釋原因，反而是盡快解決我們兩位成人之間的問題，待大家的氣都消，再重新打開話匣子，回復正常。所以，孩子就會明白到人與人的相處縱然會有情緒影響，但亦不能任意妄為，而不顧對方感受。

父母亦需培養情商指數

當父母哪有一天不憂慮，不煩心的？加上香港家庭很多都是全職父母，有時負面情緒不是來自家中，反而是來自繁重的工作。很多父母不願讓孩子擔心，只願報喜不報憂。孩子看似未懂事，但其實他們比我們想像中敏銳得多，能夠清楚感受父母的情緒。

有時我在工作上亦會遇到不少挫折及壓力，到了子女合適的年紀，我也會選擇跟他們分享，不是要讓他們承擔壓力，而是讓孩子感到自己能夠參與父母的生活，從而建立信任，亦讓子女有機會從中學習人生的高低起伏，積極面對。要達到分享而不是分擔，父母的情商很重要，講述事情時不能發洩情緒。如果父母的抗逆力不足，孩子長時間吸收負能量，也會令孩子變得負面。

當明詩與明山長大後，我亦有分享工作上不愉快的事。他們如今回想，覺得正因為有這些分享，他們工作遇到困難時，能抱平常心，而且更能理解人與人之間的關係。同時培養出同理心，由學習關心父母開始，慢慢學會關愛別人。

積極前行 一家甘苦與共

其實，子女就像父母的一面鏡，父母除了要時刻檢查言行，當遇到不開心的事，亦要盡量提醒自己不能過於沉鬱，作為一家之主，需要打起精神勇敢前行，每個人都難免會有負面情緒，最重要的是懂得正面面對，為孩子建立一個好的榜樣，讓他們學習到即使經歷低潮，只要再次站起來，就能夠再創高峰。

總括而言，一個家庭裏，夫妻雙方都要面對各種困難及壓力。因此，要互相體諒，就是所謂「美滿婚姻」的不二法門。每對夫妻都可以努力耕耘的。而子女的到來，正給予了每對夫妻共同奮鬥的目標，亦是最珍貴的禮物！因為孩子的來臨，父母成為最親密的隊友，一起去為孩子構築美好的將來。我時常感恩，在我們這個小小的家庭裏，我們夫妻之間能夠共同經歷快樂、感恩、憂心

及不捨的時光。而這一個家，也因為孩子們，為我們帶來
了不一樣的火花及姿采，看着孩子每天健康快樂地成長，
就是互愛這個根源！

從組建家庭開始，每隊夫妻都可以努力耕耘，看着舊相片，感恩我們能共同
經歷那些快樂、憂心、欣喜及不捨的時光。

6.2 父親是孩子的領航者
育兒路上互相補位

> 孩子在生命中，最先和母親建立依附關係，隨後才慢慢認知父親這個角色。媽媽經歷十月懷胎、餵哺母乳和日以繼夜照顧孩子的過程，很清楚自己肩負着母親的角色，相比起媽媽，爸爸不是天生的育兒專家！

不過多項研究顯示，成長過程中有爸爸參與的孩子，在很多方面的發展也比缺乏父親參與的孩子更好。所以父母二人對孩子的成長都有着無可替代的重要性，缺一不可。爸媽之間一定要合作無間，互相補位，這樣孩子才能有個愉快的成長環境呢！

有別於女人，男人要有意識地學習成為「父親」。意大利心理學家 Zoja L. (2018) 指出：「父親的特色是教孩子踩單車的那個人。」不僅是令小朋友多學習一種生活技能，更是令他們學習面對害怕和挫折。在子女進入社會前，需

要有熟悉社會競爭的爸爸作引導，教育他們日後如何立足。

爸爸對孩子的正面影響

爸爸多參與育兒過程，對孩子的成長有着很正面的影響。如父親帶有權威的養育方式對孩子發展有利。權威不代表嚴苛及冷酷，只是代表他表達明確的界限和期望，但同時是充滿愛意的，這樣可以為孩子的情感、學業、社交和行為表現帶來正面效果。另外有研究顯示，有父親積極參與培育的孩子，有較高的社交能力、自信心和自我控制能力，亦能減少於青春期在學校從事危險行為的可能性。

有趣的是，父子關係的質量比父子相處的時間長短更為重要。即使是一名分居的父親，如果其親子時間有良好質素，亦有助孩子的社交及情緒健康，對成長產生正面影響。而且，父親的參與亦減少了男孩子出現行為問題的機率；亦有助減少年輕少女發生心理問題和抑鬱症的可能性。

爸爸參與有助子女人格發展

總括而言，爸爸多參與育兒，孩子將來的人格發展

會較為健康，語言表達和認知能力也較強，解難和社交能力發展會快兩至六個月等。如果一個家庭缺乏了父親的角色，亦是做成孩子自信心低落的原因之一。育兒以外，爸爸只要付出多一點，也是對另一半的莫大支持。

我丈夫性格內向，一如很多男人一樣，平日寡言。在教養路上，我主要負責教育子女的實質日常運作。他，則在家中默默地肩負着一個非常重要的領導角色 —— 身教。他常常以禮待人，孝敬父母，誠實堅毅，不怕困難，成為孩子的榜樣。還記得當年移民澳洲，他一直找不到教師職位，面對積蓄幾乎用光的困局，他不介意從頭做起，從事照顧特殊需要人士的生活起居等工作。當時，我怕他會不習慣而放棄，他卻不怕困難，且毫無怨言！

父母就像球隊並肩作戰

社會向來對父親有個刻板印象，就是作為男人是要外出養家，而媽媽則留在家中打理家務。我向來跟丈夫一起並肩作戰，兩夫妻都是雙職父母，一起為家庭貢獻所有，沒有一定是誰負責甚麼，而是靈活分工。例如，我倆下班後，由我陪子女玩，他就會幫忙到超市買菜及弄晚餐。無論是家中大小事務，又或是培養子女等，我們也互

相商量，就好像　支球隊一樣，互相補位。當年我要修讀碩士學位，既忙工作又忙功課，他就會默默擔當起帶子女外出玩樂的角色，建立親子關係，讓我專心完成碩士課程。然而，於丈夫日日忙於備課及改卷至深夜的日子裏，我就補上，由我陪伴子女。

成為孩子路上的燈

沒有人天生就會做父母，媽媽偶爾會感到疲累，爸爸亦會感到無從入手。不過，只要有顆讓孩子健康成長的心，夫妻互相扶持，自然可以營造和諧的家庭環境，成為孩子路上的明燈、生命中的領航員！

人生高低難料，如果當父親有機會遇到挫折，一時間失去對家庭經濟的支持的時候，媽媽應該引導子女去理解並尊重父親，讓父親能夠抬起頭來重新出發。如果媽媽帶頭抱怨或怪責丈夫，甚至看不起他，孩子也會有樣學樣。除了給予孩子錯誤的價值觀及影響自信心之外，爸爸亦會更為頹喪，覺得自己抬不起頭來，造成惡性循環。所以，無論發生甚麼事，父母之間也該彼此尊重，亦有責任教育孩子正確對待父母的態度，在這個艱難的時刻，大家互相支持！

當年捕捉到了丈夫深情地凝望兒子明山。

6.3 兩個孩子比一個好？
培養親密手足情誼

照顧孩子，起初的確比較辛苦，但個人經驗所得，如果父母的方法正確，孩子過了兩歲後，父母就應該越來越輕鬆了！但若只有一名孩子，那就未必了。因為，父母要付出額外的精力跟獨生子女相交和玩耍，有兩個孩子的話，他們就能達至互相學習、刺激的奇妙效果！我將分享為何兩名孩子比一名好之餘，亦會分享我是如何培養明山及明詩手足情誼的經驗。

　　過往很多研究發現，成長在多於一個孩子的家庭的子女，長大後於智能和情緒智商方面，會較獨生子女的為高。再者，父母到了退休之年，就會體會到有更多孩子的好處了！因為子女不需要獨自承擔照顧父母的責任，壓力也相對減輕。當子女長大成人後，可以跟他們一起共聚天倫，也是人生一大樂趣呢！

從小照顧手足間的情緒

某年七月，我和丈夫打算到澳洲旅行，原本明山和明詩都因工作繁忙而未能相隨，後來，明山竟然意外地取得長假期，我們才有機會相伴自駕遊，欣賞到西澳的景緻！所以，我總是認為，有了兩名孩子總是可以熱鬧一點，一家人樂也融融。

說到手足情誼，要讓子女一起成長，長大後互相照應，父母就要從小細心照顧兄弟姊妹間的情緒，才能培養良好的手足關係。明山與明詩的感情自小就很好，我為大家分享一下培養手足情誼的五大竅門吧！

第一：提醒自己避免進行比較

互相比較會造成孩子的心結，父母要時刻提醒自己，不要拿兄弟姊妹比較。不要說出「哥哥都能做到，為甚麼你做不到？」、「你為甚麼不像妹妹一樣乖呢？」等的說話，任何比較都會有機會令孩子產生自卑感。

我的子女年幼時，我每讚賞一人，都會一同讚賞另一名孩子的優點，盡量減少孩子被比下去的感覺。另外，旁人無意間的比較，都會令子女介意。因此，當年我刻意

為明山及明詩報讀兩所不同的小學，只因不想其他人，包括同學、老師，甚至家長拿他們比較。「避免比較」是預防手足紛爭的其中一個重要方法。

第二：培養孩子的獨特性

孩子不會明白年齡差會造成能力的差別，所以他們亦會暗自較量。明詩小學時，我留意到她悄悄將自己和年長三年的哥哥比較。當時明山活潑健談，而明詩性格文靜，親友往往會把焦點放在哥哥身上，所以明詩常常覺得自己不起眼。於是，我見明詩喜歡唱歌，便安排她參加兒童合唱團，培養興趣，建立自信，亦令她知道，自己和哥哥各有獨特之處。父母可刻意為兄弟姊妹安排不同的興趣班，從中發揮不同的個人潛能。

第三：營造家庭樂

於子女還小的時候，我就很着重家庭樂，例如，盡量抽時間安排一家人去郊遊、去主題樂園遊玩、到外地旅行等，創造很多快樂的共同回憶！這些快樂的回憶，打造了他們愉快的童年之餘，亦增進了兄妹間的感情，即使到了現在，明山與明詩還是常常提起當年的時光。共同的童年回憶成為他最熱愛的話題之一！兩名小孩自小常

一起玩耍，與父母的關係亦緊密，愉快的家庭生活是他們手足情深的重要原因之一。

第四：長大後增加聊天時間

隨着子女年紀漸長，每人亦各有各忙，例如明山開始大學生活，而明詩則要奮力迎戰會考，一起玩樂的時間少了。於是有空時，我便會安排一家人不同的相聚機會，舉行「家庭會議」，其實是拿各種有趣的事情來一起討論，聊個天南地北！既可以讓我與他們保持溝通，兄妹二人亦可用另一方式，繼續相處。

第五：提供空間彼此陪伴

除了手足感情之外，我亦很着重他們之間的相處模式。在他們年幼時我都會給予他們很多空間彼此陪伴，不時為他們提出一些小遊戲，例如，讓他們二人扮演要於森林中居住，要怎麼辦呢？他們二人就開始拿出獅子毛公仔，開始想方法搭好睡覺的帳篷等，非常有趣！有時父母未必需要強迫哥哥幫妹妹做某些事，或輔導她完成功課才是合作及照顧，透過這些遊戲時間，只要父母花點心思，同樣可以讓兄妹之間培養默契，增加合作性。

衝突時二人共同承擔責任

　　培養手足之情以外，面對其他手足難題，例如覺得父母偏心、互不禮讓、無故爭寵等的煩惱，也需要父母們小心審視自己的做法是否恰當。手足之間，難免會有爭吵，我處理他們的衝突有一個原則，就是要他們二人都共同承擔責任。除非是非常明顯的對錯，否則當他們爭執時，我會兩人都處罰的。

眼前所見未必是真相

　　為甚麼呢？因為我職業的關係，對孩子的心理狀態的敏感度可能較其他人高，我想在此向各位父母提議，有時當下眼見的，未必一定是真相，也不一定是原因。例如，當弟弟動手打哥哥，也許是因為對方挑釁在先，很多父母看到了表面的情況，就處罰了弟弟，可能會讓另一名孩子覺得父母偏心及不公平，對兩名孩子都沒好處。

　　所以，當明山與明詩有爭執，我會兩人一起訓話，令他們明白彼此都有責任，兄妹之間應該彼此體諒，而非互相傷害，之後再慢慢了解事情經過，從中留意他們各自的需要及引導。

從小培養孩子們親密的手足情誼，當孩子長大後，他們也
會互相體諒及支持。

6.4 父母之間尊重彼此差異
與對方說一句:「多謝」吧!

> 坊間不少人以為我們一家是模範家庭,我們的確夫婦相愛,子女孝順,但如果說相處和諧、很少爭拗,就一定不是真的。很多人對婚姻有無限憧憬,但回到現實,我們畢竟都是平凡人,每人都有很多弱點。締造「美滿婚姻」的秘訣,其實就是一同努力、協調、適應和接受現實!這也是人生歷程上,對我們適應環境能力的一項重大挑戰。

互相體諒及接受弱點

在現實中,相處上要做到「美滿」談何容易,畢竟夫婦雙方都要面對各方面的工作及生活壓力。因此,互相的體諒,接受對方的弱點,欣賞對方的長處,就是所謂「美滿婚姻」的不二法門,每對夫妻都可以努力耕耘的。

就如我於〈6.2 父親是孩子的領航者〉一文中提及，我跟丈夫的性格可謂截然不同。我喜歡探索，嘗試新事物；他則喜歡循規蹈矩。我喜歡看時事財經節目，他則喜歡看綜藝節目。他喜歡烹飪而抗拒處理家中的維修雜項，以至要我兼負起維修的工作。更甚的是，我性格嚴謹細心，他則執重效率而不拘小節，種種的性格迥異，亦常常引起吵架和衝突。

明白人各有異

可幸的是，我們都明白人各有異，所以對彼此亦沒有怨言。我和丈夫從來都不會後悔跟對方結緣，從多年的婚姻生活中，我們更深深地體會到性格不同其實是種互補。例如，我喜歡清潔而他則隨便馬虎，但原來過分整潔對孩子是不好的！如果我丈夫也像我一般執着潔淨，孩子長大很可能會有潔癖了！所以，中國文化中的陰陽五行，確有其深奧的道理。

回想這些年頭，確實經過了很多風浪。30 多年前，放棄了高薪厚職，舉家移民到澳洲。後來，我們又選擇回流到土生土長的香港。遇着樓價飆升、金融風暴、負資產，加上我們都是雙職父母，生活壓力很大。在這多年的

婚姻生活中，我有以下的深刻體會。

第一：求同

　　若真的有一些事情很不滿意，要找時機跟對方溝通，讓對方知道自己的感受。但不要奢望對方會作出 180 度改變。因為到了成人階段，性格一般難以有大改變。不過溝通最主要的作用，是互相知道對方的感受和底線，可以避免迫到「爆煲」。大前提是，二人都要自我反省，也要對伴侶有同理心！

第二：存異

　　所謂存異，就是接受對方的不同。我喜歡分析、計劃，而我丈夫喜歡隨遇而安。我們都沒有試圖去改變對方。解決的方法是找出怎樣可以在實際的情況下，讓大家都不受「壓迫」、找到自己的空間。例如，喜歡看話劇的就自己找朋友去看；喜歡留在家中看書的，就自己找一個角落去閱讀等。

第三：優點 vs 缺點

　　我想，這是最重要的一點。每個人都有優點及缺點，並非十全十美。尤其是婚姻的年期越長，會越容易找到

對方更多的缺點！我們會盡量學習欣賞對方的長處，懷有感恩的心。這種做法不容易，有時，要練習刻意思考，想想對方到底有甚麼長處而是自己缺乏的。例如，當我心裏想到丈夫對電子產品的知識貧乏而不能解決家中的電腦相關問題時，會萌生怒氣。在這時候，就會提醒自己他是一個很有效率的空間收納整理者 —— 沒有他，家中就會變得亂七八糟了。有了欣賞對方的心，就自然不會再抱怨對方，取而代之的，便是感恩的心了！

第四：道謝

結婚已幾十年，我們雖然說不出一些「甜言蜜語」，我們仍然不忘跟對方說句「多謝」。不要以為「兩夫妻無需要客氣」。其實，每個人都希望自己的付出被肯定，簡單的一句謝謝，也是給對方一個鼓勵和肯定。對方聽到了，一定有良好的感覺而增進夫妻的感情！

健康家庭子女心理發展尤其重要

最近幾年，因為要居家防疫，夫妻相處的時間多了，引致很多家庭問題。我們不是婚姻輔導專家，也不是甚麼「模範夫婦」，老實說，我們不時亦有爭拗，不過，在子女成長過程中，一個健康的家庭對其心理發展是十分重要的。

從家庭建立安全感，就能使孩子有自信，敢於面對外面世界的種種挑戰。所以，各位父母，請努力締造健康快樂的家庭，也不要為家庭成員之間性格不合而覺得灰心，這可能是給你們家庭的一個祝福呢！

家庭和睦對孩子成長發展尤為重要，我們一家定期計劃家庭旅行，促進彼此關係及感情。

偶爾家庭旅行或慶祝紀念日出外聚餐，也是增進感情的好方法。

6.5 如何與青少年及成年子女溝通？對未來發展影響深遠

在教育子女的漫長路上，與青少年維繫良好的關係，對很多父母來說，是最具挑戰性的一個時期。相處之道是老生常談，跟所有人際關係一樣，與子女「溝通」，是最簡單又最難的考驗。

　　基於對孩子的責任、關愛，父母在不同階段便應採取不同的溝通技巧。然而，青少年期發展特徵之一是他們有自己的思想卻未完全成熟，但同一時間，他們腦部的社會情緒反應卻較為強烈，這時候父母要小心處理，因為不良的家庭關係，對子女的成長有莫大影響，更會影響到他們日後組織家庭的觀念及看法！

七個小貼士與青少年溝通

　　基於對子女的愛護，父母難以避免會經常給他們不同程度的意見。可是，很多年輕人不懂得珍惜，甚至不懂

得怎樣尊重父母。所以，對待中學及高小階段的子女，父母經常在兩難之間掙扎，猶豫應該勸告子女，還是讓他們「執迷不悟」？以下讓我分享七個小貼士，希望可以幫助改善與青少年子女的關係。

第一點：父母必須與他們保持雙向溝通，多聆聽和了解他們遇到的困難。

第二點：維繫家庭的快樂情誼。

第三點：發生爭執，父母要避免情緒激動，若道理在自己那邊，就要堅守原則及尊嚴。

第四點：父母要有堅定的信念、語調和行動。有些青少年子女習慣凡事辯駁、反對，甚至反叛。父母不要無止境地跟他們辯論，但需要讓他們有表達的機會，告訴他們你會仔細考慮他們的建議，之後會作出決定。

第五點：父母有對青少年循循善誘的責任，在一些重要的原則上，父母不宜退讓。

第六點：青少年多受朋輩影響，若父母能找機會與子女的朋友交往，就更容易明白子女和其朋友的狀況，有更多話題與他們溝通，營造良好的溝通習慣。

第七點：有些父母誤以為讓步比堅持好，以為凡事讓步就不會影響親子關係。但很多時卻剛剛相反，父母越是退縮，青少年子女就越是自我膨脹而不懂反思，甚至漠視父母的感受。

與成年子女溝通的藝術

青少年以外，與成年子女相處，又是另一種互動的藝術和學問。父母要仔細思考，確定自己的立場和方向，不要進退失據。明詩當年從大學畢業後，參加選美、當演員、成為公眾人物、經常在媒體發表見解等，作為她的母親，於過往數年間的經歷中，我學習到與成年子女溝通的藝術。

基於對子女的關愛，父母就不期然對成年子女有很多的「建設建議」。為人父母，我很明白這個心理狀態。可惜，很多時候，出於愛及關懷，父母分享多年積聚下來的人生經驗，作出善意提點，竟然可以成為父母與子女之間衝突的原因。這樣，會做成父母心理上的傷感和不適應，也會引致不和。經過不斷的親身試煉後，大家不妨看看以下個人的心得作為參考。

第一，說話只可講重點，例如，在他們的感情事、工作選擇上，可以提醒，但只可講重點，要避免重複和提及小節。

　　第二，要尊重他們有自己的想法和意見，可能父母並不認同，但也要尊重成年子女的決定。

　　第三，減少善意的生活習慣提點，例如，多吃水果、要早點上牀睡覺等。

　　第四，要學懂放手，無論父母對子女有多關心，都要學會放下，應用「兒孫自有兒孫福」的思維！

家庭關係不好對成長影響深遠

　　如果與父母的關係不好或溝通不足，對子女日後的成長或性格有甚麼影響呢？在心理學角度上看，一個人的自信及安全感，是源自於家庭，所以父母能否與子女建立良好的溝通及關係是非常重要。

　　一個家可以視為一個人的根基，無論外面風雨再大，家亦是我們的避風港。經過了漫長的一天，大家也期望回到家中可以真正休息，輕鬆愉快。一個好的避風港對於孩子來說，可以讓他們學會堅定，穩健成長。當子女能

夠與家人建立良好關係，才能慢慢把這份信心延伸至他的社交圈子中，培養對別人的信任，敞開心扉，建立良好的人際關係。

對社交發展的影響

如果家人之間有隔閡，無法互相理解，又或遇到挫折時，家人的反應是批評，或是說出冷嘲熱諷的說話，例如：「都話咗你㗎啦！唉！都唔知點解你搞成咁！你真係令我好失望！」而非互相安慰，這些負面情緒統統會令子女建立自我防衛的心，缺乏安全感，長大後缺乏自信，不易信任別人，對社交亦帶來影響。所以，這亦是為甚麼有些人會易於溝通，令人安心分享想法；有些人卻戒心很高，為了保護自己而較難交心，這方面的社交發展，也跟原生家庭有着重大關係。例如，明詩曾經有個朋友，事事都提防父母知得太多，亦為自己築起了一道高牆，難以與別人建立良好關係，也難以與別人深入交流。

原生家庭是日後組織家庭的模型

然而，原生家庭的種種特質，包括親子關係、父母處事手法、管教的強弱、家規等，亦對子女日後如何組

織自己的家庭有着深遠影響。原生家庭的模式，塑造了日後子女對於家庭觀念的看法。

例如，來自父母感情良好，全家和睦的原生家庭的孩子，相比於原生家庭的父母經常離異的孩子，更認為維繫家庭和諧及完整是常態。有見及此，原生家庭自然成為他們日後組織家庭的模型及參照！學習為人父母，這一課真的不容易，比考文憑試、考大學等難得多呢！活到老學到老，大家一起努力吧！

與青少年及成年子女溝通是具有挑戰性的，但活到老學到老，大家一齊努力！

6.6 父母的必經階段：由「一家人」回到「二人世界」
樂觀接受　享受人生

2022 年是我和丈夫結婚 37 周年，回想結婚當天，就像是昨天才發生一樣！明山和明詩年幼時，我們既要全職工作，又要好好地培育兩名孩子，的確是身心俱疲。但一想到一家幾口，都是滿滿幸福的回憶。這刻才發現，我們其實是樂在其中。

很多父母看着孩子漸漸長大，也會感到不捨，又或不想他們長大得太快。我絕對明白，我的兩名子女，一個長期在大學宿舍，另一個則出國留學，總會心中有所牽掛。其實要父母接受子女長大成人，就要為自己慢慢建立良好的心理準備，讓我與大家一起分享一些點滴吧！

享受二人生活

記得明詩初到外國升學，同時明山也在大學寄宿，

當時我的心好像開了一個洞，非常不習慣，亦真的很不捨得明詩離鄉別井。現在，他們各自忙於工作，有自己的生活及天地，而我和丈夫，也漸漸習慣了「回復二人世界」的生活。我們正慢慢學習享受人生，享受自己的小天地，經常相伴郊遊、旅行、參加美食團等！遇着我們的結婚週年紀念，雖然有時也只有我倆一起慶祝，這種簡樸的生活，又是另一種人生樂趣呢！

我想天下間的父母心也一樣，拉拔子女長大，到了子女要離開家裏出去闖蕩，必然會萬般不捨。我與丈夫自然也不例外。面對子女成長，我們也花了一些時間去調整心態。

想像子女的未來

父母心理轉化過程十分重要。懷胎十月，照顧子女十多年，到了他們長大成人，父母就要接受現實，開始放眼未來，想像一下自己的孩子將會自立、戀愛、組織自己的家庭，有自己的下一代，是相當美好的。

父母要於心態上從一家幾口，慢慢轉化成為回到夫婦的二人世界。然而，就算是兩人共偕連理的，也要有心理準備終有一方會先行離開，無論是爸爸或媽媽，於年老

時也要好好學習獨處呢！

有了這些心理準備，當子女開始擁有自己的生活，或是離鄉別井，也不會有太大的衝擊，也不會接受不了他們已經長大成人了。有些父母因未能建立良好的心理準備，便與長大了的子女開始發生磨擦，例如，投訴子女不關心父母，甚至「控訴」他們忘恩負義！子女覺得被拉扯，最後令到大家也不愉快。父母要謹記，子女的成長過程，其實是一門慢慢學習放手的學問。

學習慢慢放手

隨着年紀漸長，要放手讓子女探索、追夢、自立。回想多年來的家庭生活，我的領會是，既然在忙於照顧小朋友的時候，就應該要樂在其中，享受這種天倫之樂，這將會是永遠伴隨着夫婦和子女的美好回憶。待他們長大後，就學會放手，讓大家發展自己的空間。父母們，我鼓勵你們以正向心態面對人生的變幻，欣然接受人生所帶來的經歷，帶着感恩和愉快的心情，感受生命給我們的啟示！

夫婦相處之道

說到我與丈夫，能夠一起走過半生路，看來殊不簡單，但又似不需甚麼特殊技巧。以下讓我來分享一些夫妻的相處之道：

第一：表達不滿

有不滿的想法，不妨表達出來。我倆都很少把不滿藏於心內，收藏不是上策，因為不要奢望對方有讀心術，更不要奢望自己有無限的忍耐力！其實，我們的表達方式也不是書本所講的那麼「平心靜氣」的，所以也不能稱為模範夫妻。但我察覺到，我們的特點是永不「記仇」，應該說，我們通常不會含怒多過 15 分鐘。

第二：不斤斤計較

對於雙職父母，因各自都要上班，大家下班後都累了，還要處理家中各種瑣碎的事，真叫人吃不消。有些家庭有一方不需要上班的，處理所有家務，其實一樣勞累。唯有夫妻互相不斤斤計較，盡力貢獻自己「僅餘的力氣」！

第三：給予對方空間

即使我們各有喜好，有些活動也可二人一起參與。其餘的，就不要勉強對方陪伴，各自享受自己的空間。

最後，也是最老生常談的，不要抱怨，以忠誠相待和善待對方的父母，這些都能給予家庭正能量呢！相處之道，最重要是給予大家空間，尊重彼此需要。說起來跟培養子女也是一樣，放手但陪伴，尊重而不勉強！祝願大家共偕連理，幸福快樂！

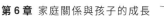

照顧子女十多年，到了他們長大成人，作為父母應學會放手但陪伴，尊重而不勉強！

我們的移民故事

Chapter 7

OUR MIGRATION STORY

7.1 我們的移民故事：親情篇

近年很多香港人都談及移民，大家也可能知道，我們一家於 1990 年移民到澳洲，在 1994 年舉家從澳洲回流到我和丈夫土生土長的香港。我們的這個決定，對某些人來說可能覺得不意外，亦有些人覺得是浪費了。當然，人生是由無數大大小小的選擇交織出我們精彩一生的樂章。外面的世界總是無比廣闊，值得我們探索，但是說到要舉家移民，還要照顧兩名小朋友，就需要長遠的計劃及準備。

我希望在此章節以移民為主題，就着親情牽絆、育兒成長以及職業機遇這三個方面，為大家分享我移民經歷的故事、想法和心得。

當年我剛從澳洲回港，我的哥哥問我：「澳洲地大物博，天氣怡人，日間白雲飄浮於蔚藍的天空，夜間舉目滿天星宿，你為甚麼從這個像天堂般的地方走回來呢？」我很明白，不少人扭盡六壬，亦是希望可以移居海外！

考慮現實生活

　　老實說，澳洲的居住環境的確一流。我與丈夫當時年紀輕輕，就算沒有父蔭，也能夠負擔得起「住大屋」。我們亦擁有一輛車，公司亦有提供公司車代步。但是，除了優質的居住環境外，現實生活仍有很多很多事情需要考慮的。例如，工作性質、前途、生活習慣、文化差異等，還有從小培育自己的父母親，伴隨我長大的親戚和摯友等。我對他們時刻掛念，人在外地的日子，就算生活再好，有時亦會感到寂寞。

我對父母親的追悔

　　還記得我離開香港移居澳洲時，我媽媽突然得了重病，但因工作和生活關係，我不能長期陪伴在側。那種離愁別緒，那份難過，仍然歷歷在目！我移民只是短短的四年，雙親都相繼離世！只是這些我從沒想過的事情，已教我後悔不已，上了極痛苦的一課。

　　不要以為我遇到這樣的情況只是巧合，我只希望與各位分享，在考慮移民之前，也需要把香港的親人納入考慮因素之中。要面對摯親患病，卻沒法守護在身邊的矛盾心情，對於身在異鄉的遊子來說，真的比比皆是。

成為父母後體會切膚之痛

到了子女長大，他們亦有到外國留學，我當時萬般不捨，再回想起自己的經歷，頓時體會到當年我父母所經歷的離愁別緒，原來當父母的，面對子女遠走他方，身心上都會承受極其沉重的壓力，甚至引致重病！回港後，看到朋友們可以照顧父母親，能陪伴他們走完人生的路程，原來是多麼值得珍惜。單憑這點，若給我從新選擇，我也許不會移民，說到這裏，我仍很傷感！

我們回流的真正主因

很多人也很好奇，是甚麼促使我們回流香港呢？為何放棄這間 3,000 多呎的獨立大屋、藍天白雲，回到這個彈丸之地，住 400 多呎的高密度住宅？還有，怎麼會放棄有兩個相連車房的大屋，回到香港「迫地鐵」？20 多年前的一天，我們一家人在舉世聞名的黃金海岸度假，望着眼前那道迷人的美景，我倆竟同時感到茫然，無法想像餘生都要在這裏度過。

度假後，我回到工作崗位，聽見一位年幼時隨父母從印度移民到澳洲的印度裔同事分享，她母親是如何經

常提及想離開澳洲返回印度故鄉的故事。那時,我心想,她母親不是已經生活在澳洲超過 20 年了嗎?不是已適應了澳洲的生活嗎?這裏的生活條件不是遠比當時的印度好嗎?再細心一想,其實她的想法,不也就是我倆在黃金海岸時的感受呢?

失去「根」的感覺

若問我到底是甚麼感覺,我可以告訴你,是一種「你不屬於這裏」的感覺。心裏總是覺得自己在那裏沒有「根」,與此同時,卻懷着一種很希望回到自己故鄉的思鄉情懷,惦念着土生土長的地方,那個真正屬於我們的家!

思鄉情之外,我們也不希望孩子長大後連中文也不懂。幾經思量,我們於是決定舉家回流,回港後,亦刻意安排明山和明詩入讀香港的主流學校。

切記留有後路

直至今天,我們沒有後悔回流的決定。反而,我經常聽見移民定居了的朋友希望回流,可惜他們沒法負擔香港的樓價。各人也有自己的想法及追求,作為過來人,我奉勸各位父母,若你們真的考慮移民,最好留給自己一

條後路！例如，千萬不要賣掉你在香港的房子，好讓他日留給自己多個選擇呢！

1992 年我們一家合照於澳洲的住家門前，儘管放棄了當年在澳洲的生活，直至今天我仍沒有後悔回流香港的決定。

7.2 我們的移民故事：照顧子女篇

香港學童讀書環境壓迫、考試壓力大，不少家長為了下一代能有更輕鬆的讀書環境而選擇舉家移民。明詩自幼在本地學校（local school）唸書、經歷過中學會考，亦有在英國高中及大學留學的經驗，作為她母親的我，亦觀察到她從香港轉到外國唸書的好處及轉變。然而，從我自己移民得來的體會，子女學業壓力縱使減少，家長育兒壓力卻加大 —— 為甚麼呢？

國外讀書及考試壓力較低

在外國讀書，很多父母的第一個想法，都是子女可以擺脫香港的考試壓力，開心求學。在不同角度而言，由於文化不同，兩地的教育制度的確有些分別。雖然說求學不都是只會求分數，但相比香港，國外求知識的比重的確比較多。明詩在英國讀書時曾告訴我，她很欣賞在那裏讀書的氛圍。老師會不厭其煩地教導他們很多額外而有趣的知識，提升他們的學習興趣，就連考試範圍以外

的，都會一起研習。無可否認，在外國讀書的壓力一般比香港低，學習亦較為輕鬆。

但家長育兒壓力卻增大

以我們一家為例，回想當年，我們是「孤身」移民到澳洲 —— 基本上沒有親戚朋友，可以說是「孤立無援」。當時在澳洲，我和丈夫都上班，所以要共同承受一邊工作，一邊照顧子女的壓力。國外的「最低工資」很高，所以除非家境非常富裕，否則不可能負擔得起聘請私人育兒保姆（Babysitter）長時間在家中照顧孩子。當年在澳洲明詩未足兩歲，連幼兒中心都不能入讀，而我們兩夫妻都要上班，那怎麼辦呢？我們透過當地的社會福利機構，找到日間全職的育兒保姆，明詩可以與其他五個孩子一起待在她家受到照顧。

一人照顧一個

因為我們有兩個孩子，上班前的時間都十分緊張！除了要準備自己早午膳的餐盒，還要和丈夫分別照顧孩子出門，更要在上班前先把孩子送往保姆的家，然後才駕車上班。下班亦如是，我們分別負責各接一個孩子回家，之後

就要開始下班後的「工作」，包括弄晚飯，給還是嬰兒的明詩餵食，照顧兩個孩子洗澡，跟孩子唱歌、玩耍、看圖書，預備孩子們第二天的午餐等等，忙個不停！

最辛苦的莫過於是孩子生病的時候！因為不能把孩子送往保姆的家或幼兒中心了。我倆的工作，基本上是要在聖誕前後才可以申請長假，其他時段是不方便連續多日請假的，唯有請求一些不太熟悉的朋友幫忙照顧，但心底裏就真的十分不好意思了！

為家庭奉上所有私人空間

澳洲有法律規定，12 歲以下的孩子不能獨留家中，加上兩個孩子還那麼年幼，當時我們作為父母，沒有自己父母、親友在身邊支援，更是傍惶。所以，平日我倆都不會丟下兩個孩子給另一半照顧，一定會是共同進退。因此，我們於澳洲的生活都是牢牢的四人「捆綁」在一起，除了上班時間之外，就連放假時，也沒甚麼私人空間。

回流香港後，我們的生活反而輕鬆了。下班後，不用趕着回家，可以跟同事或朋友享用下午茶後才回家，更有時間讀書深造。有親友、家傭姐姐的幫忙，我倆有更多的私人時間，可以享受二人世界，更見精神煥發。

可考慮讓孩子出國唸書

　　移民的決定牽涉甚廣，影響到多個家庭（包括雙方父母）。同時，我亦明白到國外讀書的一些好處 —— 所以，以個人之見有一個不錯的解決方案：待子女稍大一些，讓他們自己出國唸書，從而獲得在國外接受教育和生活的體驗，將來再由他們作出抉擇，考慮在哪個地方長期工作及發展。如明詩在英國的同學當中，有大概三分之一選擇了繼續留在英國工作，而大概三分之二決定回港打拼。反而，我有一個朋友他一家很早就移民到澳洲，兒子在澳洲成長，長大後希望回到香港工作，卻因為不諳中文而不能在香港找到理想的工作。所以，當家長希望移民以給子女「多一個選擇」的同時，也要小心沒有剝掉到他們其他選擇。

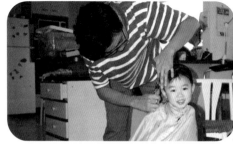

當年在澳洲，既要照顧襁褓中的明詩，還要照顧年幼的明山，十分忙碌，完全沒有私人時間。

7.3 我們的移民故事：工作篇

移民四年的這段日子，除了明詩出世之後，我放了三個月產假，其餘的時間我都是全職工作，來到最後的部分，讓我分享當時工作生活的一些點滴和感受吧！

當年，因我是以專業的資格移民，所以在申請前必須考專業試及英文試。當時，我被澳洲政府機構評為當地土生土長的英文水平（Native level）。在工作開會時，我跟同事的溝通完全沒有問題，我亦有用英語主持講座和為他們進行培訓。

沒法完全融入

然而在日常某些同事的閒談對話時，我不時會感到迷失，因為真的不知道他們正在說甚麼！原因是，在非正式場合溝通時，他們會用一些俚語（Slang）或閒談一些當地文化，例如，當地明星、八卦新聞等，是我難於理解而變得疏離，有時會感到難以融入當地同事的圈子。

會受到歧視嗎

然而，有很多朋友問我，在文明的澳洲，有沒有種族歧視呢？我的答案是「Yes and No」。歧視別人通常多出現於一些缺乏自信心或安全感的當地人身上。舉個實例，因我不是土生土長的澳洲人，雖然英語能力沒有問題，但仍是難免帶點香港式的英語口音。我曾經多次被一位文員用恥笑的態度，模仿我的口音來重複我的說話。後來，我向管理層投訴她，才遏止了這些帶有歧視性的行為。

實際上，我已算是幸運的，因為我任職機構的行政總裁，不但沒有歧視我，而且還十分欣賞我的工作能力，甚至讓我晉升至管理層，其他專業職級的同事對我亦相當友善。20 多年後的今天，我跟他們仍有交往呢！

事業基礎或要重新建立

很多人也許會覺得，到了當地總是可以找到生計的，不用太擔心能否找到工作！但其實，這方面也不容忽視。已經生兒育女的父母，很多都已建立了一些良好的事業根基，倘若移居外地，可能要重頭開始。正如我的分享，人在外地，事業上通常都會遇到一定程度的玻璃天花板（Glass ceiling）。不一定只是因為你的種族或膚色，還有

一些其他因素，例如你的語言和當地的經驗。幸運的話，可以繼續從事本業，但很多移民的朋友，都迫不得已而要轉行，我的丈夫正正是一個例子。

丈夫需要轉行

丈夫於未移民之前，在香港已晉升至高級學位教師。到了澳洲，雖然已經成為註冊教師，但都找不到自己所專長的化學教師職位。基本上，是找不到教師的工作。幸好，他能屈能伸，願意轉職至其他工作。可是，也只能找到一些非專業的職位，例如當上協助弱能人士的康復員等，這些是他從未做過的工作。

我很幸運地在澳洲遇上一羣友善的同事，周末也偶爾聚會見面，但也曾遇過歧視。

我的丈夫當年正在協助弱能人士康復。

對健康帶來影響

在外國，白領和藍領人士薪酬的差別相比於香港的不是那麼大。因我和丈夫都有工作，加上從香港帶來少少積蓄，生活尚算無憂。但意想不到的是，原來要面對轉行和未能發揮自己的專長，可能對一個在事業上有追求的人來說，會容易產生鬱鬱不得志的感覺！後來，我才發現這個情況對丈夫的健康構成很大的影響，他的身體經常出現毛病，甚至於四年內大病兩次，每次均需入院接受治療！他一向身體健康，無論在移民前或回流後，也沒有甚麼大毛病，更不至於嚴重到入院治療。

移民前要思考事業發展

香港的工作壓力固然很大，但要適應外國全新的生活環境或是轉行，同樣可以造成不少壓力。這也是我移民之前未能有所察覺的，希望可給大家多一些心理準備，也鼓勵大家作任何決定前，可以從多方面考慮，也應該多吸取不同「過來人」的經驗，以決定你的去向。

---

* 註：以上三篇「我們的移民故事」篇章，純屬我們一家人的經歷和分享。每個家庭移民的決定，要參考很多因素，不需與他人比較。

參考資料

(American Sleep Association 2021) *Sleep deprivation Effects on the brain*. Retrieved from https://www.sleepassociation.org/sleep-resources/sleep-deprivation-effects-on-the-brain/

Anguera, J.A. et al. (2017). *A pilot study to determine the feasibility of enhancing cognitive abilities in children with sensory processing dysfunction*. PLoS One. 2017; 12(4): e0172616. Retrieved from https://www.ncbi.nlm.nih.gov/pmc/articles/PMC5381761/

(CHADD, 2017) *New research in sensory processing dysfunction*. Retrieved from https://chadd. org/weekly-editions/adhd-weekly-2017-09-21/

ComboKids (2022 Apr 20). " 搭建優質腦部結構 ". Retrieved from https://www.combokid.com/

Erikson, E. H. (1993, originally published in 1950). *Childhood and society*. New York: Norton.

Hammond, M. & Collins, R. (1991). *Self-directed learning: Critical practice*. London: Kogan Page Limited.

Hansford, S.J. (2003), *Underachieving gifted children*. In J.F. Smutny (Eds.), Underserved gifted populations. Cresskill: Hampton Press, INC.

Holmes, A.J., Lee, P.H., Hollinshead, M.O., Bakst, L., Roffman, J.L., Smoller, J.W. & Buckner R.L. (2012) *Individual Differences in Amygdala-Medial Prefrontal Anatomy Link Negative Affect, Impaired Social Functioning, and Polygenic Depression Risk*. Journal of Neuroscience 12 Dec 2012, 32 (50) 18087-18100.

Howell, S.C., and Kemp, C.R. (2010). *Assessing Preschool number sense: Skills demonstrated by children prior to school entry, Educational Psychology:* An international Journal of Experimental Educational Psychology, 30(4), 411-429

Jiang, W.; Wallace, MT.; Jiang, H.; Vaughan, JW.; Stein, BE. (Feb 2001). *Two cortical areas mediate multisensory integration in superior colliculus neurons. J Neurophysiol.* 85 (2): 506 – 22. doi:10.1152/jn.2001.85.2.506

Lederman, Susan J.; Klatzky, Roberta L. (2004). *Multisensory Texture Perception*. In Calvert, Gemma A.; Spence, Charles; Stein, Barry E. (eds.). The Handbook of Multisensory Processing. Cambridge, MA: MIT Press.

Lerner, C. (2016 Feb 29) *The Daddy Factor: The Crucial Impact of Fathers on Young Children's Development*. Retrieved from   https://www.zerotothree.org/resources/341-the-daddy-factor-the-crucial-impact-of-fathers-on-young-children-s-development#:~:text=Fathers%20who%20care%20for%2C%20nurture,builds%20vocabulary%20and%20conversational%20skills

L.V. Shavinina (Eds.) (2003). *The international handbook on innovation*. UK Oxford: Elsevier Science Ltd

Mark, G. (2016). *5 Scientific Studies that Prove the Power of Positive Thinking*. Retrieved from https://www.linkedin.com/pulse/5-scientific-studies-prove-power-positive-thinking-mark-guidi

Peale, N.V. (2018) *The Power of Positive Thinking.* New Delhi, India: General Press

Raypole, C. (2019 Oct 31) *What Is the Sensorimotor Stage?* Retrieved from https://www.healthline.com/health/baby/sensorimotor-stage#parenting-tips

Rowe, A.J.(2004). *Creative intelligence: discovering the innovative potential in ourselves and others.* Pearson Education, Inc.: Upper Saddle River

Rueb, E.S. (2019) *W.H.O. Says Limited or No Screen Time for Children Under 5.* The New York Times, April 26, 2019, Section B, P. 5 Retrieved from https://www.nytimes.com/2019/04/24/health/screen-time-kids.html?msclkid=696df6b2cea711eca75753ab1b6758ad

Saracho, O.N. & Spodek, B. (2003). *Understanding play and its theories.* In O.N. Saracho & B.Spodek (Eds.), Contemporary perspectives on play in early childhood education. Connecticut: Information Age Publishing.

Schultz,D.P., Schultz, S.E. (2015) *Theories of Personality* (11th ed.), Boston, USA : Cengage Learning

Stein BE, Rowland BA (2011). *Organization and plasticity in multisensory integration: early and late experience affects its governing principles.* Progress in Brain Research. Vol. 191. pp. 145–63. doi:10.1016/B978-0-444-53752-2.00007-2

Stixrud, W. & Johnson, N. (2019) *The Self-Driven Child: The Science and Sense of Giving Your Kids More Control Over Their Lives.* USA: Penguin Putnam Inc

homas, L. (2021 Sept 27) *Transforming Your Life through Positive Thinking.* Retrieved from https://www.news-medical.net/health/Transforming-your-Life-Through-Positive-Thinking.aspx

Wallace, M.T. (2004). *The development of multisensory processes.* Cognitive Processing. 5 (2): 69–83. doi:10.1007/s10339-004-0017-z

Wallace M.T., Meredith MA, Stein BE (June 1993). *Converging influences from visual, auditory, and somatosensory cortices onto output neurons of the superior colliculus.* J. Neurophysiol. 69 (6): 1797–809. doi:10.1152/jn.1993.69.6.1797

Wedge, M. (2016 May 3) *What Is a "Good Enough Mother"?* Retrieved from https://www.psychologytoday.com/us/blog/suffer-the-children/201605/what-is-good-enough-mother

Winnicott, D.W. (2018) *The Maturational Processes and the Facilitating Environment.* London & New York: Routledge

Zoja, L. (2018). *The Father: Historical psychological and cultural perspectives (Revised edition),* The paternal revolution (pp.34-45), Routledge Press

麥何小娟：《我的女兒麥明詩 —— 一張白紙到 10 優的培育經歷》，香港：紅出版，2016年。